Marike Langhorst

Glücksorte im Havelland

Fahr hin & werd glücklich

Dieses

Glücksbuch

ist für

Liebe Glücksuchende,

es war unbeschwert und einfach, 80 Glücksorte im Havelland für Sie zu finden! Die Schatzkisten-Orte am Havelstrand sind ein Perlenband am Fluss. Manche nennen die Havel gemächlich, ich nenne sie den Weg zum Glück! Auf 334 Kilometern schweift sie in weitem Bogen durch das Land. Der westliche Teil ihres Weges ist das Havelland.
Die Entdeckungstouren durch das Havelland sind für mich pure Lust. Ich mag das Unaufgeregte und das wortkarge Bodenständige der Menschen, die hier wohnen. Da ist nichts lifegestylt und instagramt. Einfach Leben und Natur genießen! In den weiten Himmel schauen, den Kranichen zuhören, unter Weiden in der Sonne liegen. Durch Alleen radeln, über uralte Kopfsteinpflasterstraßen holpern, mich an Korn- und Mohnblumen sattsehen. Und immer ist ganz nah der nächste See zum Baden oder Paddeln. Ich stehe staunend an der Stelle, an der der erste Mensch je flog, und betrachte schmunzelnd den steinernen Koch im Dom zu Havelberg. Kommen Sie mit auf Entdeckungstour!

Ihre Marike Langhorst

GLÜCK

Deine Glücksorte …

... noch mehr Glück für dich

Blütenträume und Obstkisten

1 Panoramaweg Werderobst von Petzow nach Derwitz

Die Obstkiste Berlins wird bei Werder gefüllt und das allergrößte Obstglück liegt am Panoramaweg. Der Höhenweg verbindet die Erzeugerplantagen wie eine Schnur die Perlen einer Kette. Im Frühjahr leuchten die Obstbäume in Weiß und Zartrosa, blühende Punkte, so weit das Auge reicht! Im Herbst hängen die Bäume voll reifer Früchte, dunkelrot und grünbackig. Im Winter sind die Strukturen der marionettengleichen Äste besonders gut zu erkennen. Ein rot leuchtender Apfel auf dunkelgrünem Grund ist die Wegmarkierung für den Panoramaweg Werderobst zwischen Petzow und Derwitz. Was kann verführerischer als ein Apfel sein! Der schönste Teil des Obstweges ist der Höhenweg ab Glindow. Für kürzere Ausflüge lohnt ein Spaziergang, die lange Runde fährt sich am besten mit dem Rad. Eigentlich ist der Panoramaweg gar keine Runde, sondern ein gut beschilderter und informativer Lehrpfad in eine Richtung. Kleine Manufakturen und Hofläden verlocken zum Halten und Einkaufen. Von Glindow aus kann man über die Hochfläche radeln und bei der Lohnmosterei Thierschmann und dem Obstbau Lindicke stoppen. Unterwegs gibt es zwei Strandbäder, vier offizielle Badestellen und auf dem Fuchsberg den historischen optischen Telegrafen der Linie Berlin–Koblenz. Auf einer Streuobstwiese stehen der Schöne aus Boskoop und der Freiherr von Berlepsch, Brombeeren wachsen in den Hecken und Walnussbäume breiten ihre weiten Äste am Wegesrand aus. Seit dem 19. Jahrhundert wachsen hier die Obstplantagen, um die Hauptstadt zu versorgen. Das milde und sonnenreiche Mikroklima eignet sich hervorragend. 1879 begann eine besondere Tradition. Immer zum 1. Mai wird in Werder das Baumblütenfest gefeiert. Während es im Havelort schnell zum größten Besäufnis des Jahres wurde, bleibt der Panoramahöhenweg ein idealer entspannter Ort zum Feiern! Die Obsthöfe öffnen ihre Wiesen, stellen unkompliziert Stühle und Tische auf und warten auf Gäste. Unter Blüten sitzen, Obstweine probieren, die Wärme des Frühlings schmecken, miteinander plauschen. Ein Picknick mitnehmen!

● Panoramaweg Werderobst, von 14542 Petzow nach 14542 Derwitz
● ÖPNV: RE 1, Haltestelle Bahnhof Werder, von dort mit dem Fahrrad bis Petzow auf den Panoramaweg, Bus 636, Haltestellen in Werder, Petzow und Krielow, Bus 637 nach Groß Kreutz

Pfirsich

Der Traum vom Fliegen

2 Die Windharfe für Otto Lilienthal in Stölln

Leise klingen die Töne der Windharfe im Luftzug. Eine wie zum Absprung nach vorne gebeugte Skulptur steht auf einer Stele aus Sandstein. Ihre ausgebreiteten Arme verlängern sich zu Schwungfedern, gehalten mit Spanndrähten, durch die der Wind streicht. Ein schöner Ort, wenn auch mit tragischer Geschichte, denn das Denkmal markiert eine historische Absprungstelle. Manchmal nimmt ein Mensch die Möglichkeit einer tödlichen Landung in Kauf, damit andere lernen, über den Wolken zu fliegen. Der Gollenberg bei Stölln ist der Ort, an dem der große Flugpionier Otto Lilienthal bei einem Absturz tödlich verunglückt ist, 109 Meter über dem Meeresspiegel im Ländchen Rhinow des westlichen Havellands. Das Ende einer weltbewegenden Geschichte. Der Gedenkstein für Otto Lilienthal steht am Nordhang des Gollenbergs. Welch ein phänomenaler Ausblick in die weiten Niederungen von Rhin und Dosse! Das war der fast letzte Blick Otto Lilienthals. Dann flog er seinen letzten Flug. Das Zentrum für Luft- und Raumfahrttechnik hat das Unglück später untersucht und nachgestellt. Ein Sonnenbö genannter Aufwind hat den Gleiter in der Luft aufgerichtet, die Strömung riss ab, Lilienthal hatte keine Chance mehr. Am Fuß des Hügels steht ein Gedenkstein für Paul Beylich. Er war Lilienthals Mitarbeiter und Augenzeuge des letzten Flugs. Dank ihm wissen wir, was am 9. August 1896 an diesem Ort geschah. Nebenan steht Lady Agnes. Diese Lady ist eine ziemlich eindrucksvolle Iljuschin IL62, die letzte Interflugmaschine. 1973 wurde sie gebaut und 1989 ausrangiert. Später wurde sie in einer spektakulären Aktion von einer couragierten und kenntnisreichen Crew auf der nur 860 Meter langen Landebahn des Segelflugplatzes Stölln sicher gelandet. In the middle of nowhere im märkischen Sand! Die Iljuschin ist nach Agnes, der Frau Otto Lilienthals, benannt. Im Flugzeug ist heute ein Museum, in dem man sogar heiraten kann. Und so ist es ein Ort für eine glückliche Wendung.

TIPP
Das Lilienthal-Centrum in der Alten Brennerei zeigt eine spannende Dauerausstellung zum Thema.

- Lilienthal Gedenkstätte Stölln, Am Gollenberg 10, 14728 Stölln, Tel. (03 38 75) 3 20 20
- ÖPNV: Bus 687, Haltestelle Stölln Dorf

Musterbetrieb unter Dampf

3

Das Landgut Stober am Groß Behnitzer See

Wie eine rötliche Perle liegt das Landgut Stober am Groß Behnitzer See. Es ist aus rotem Backstein und hieß lange Landgut Borsig. Von der idyllischen Terrasse aus schweift der Blick über den malerischen See. Welch ein verträumter Ort! Am Ufer spenden alte, große Platanen und der Hickory-Baum, eine seltene Walnussart, großzügig Schatten. Alexander von Humboldt hat ihre Samen einst von seiner Forschungsreise mitgebracht und hier einpflanzen lassen. Unter den Bäumen stehen Bänke für eine Pause. Der Bauherr der großzügigen Gutsanlage war Albert Borsig. Er kaufte 1866 das damals heruntergekommene Ensemble. Der Name Borsig steht für innovative Technik. Vater August war Konstrukteur der ersten in Deutschland konzipierten Lokomotive und Gründer eines Lokomotivimperiums. Nach dem Immobilienkauf in der ländlichen Abgeschiedenheit finanzierte Albert Borsig erst mal einen neuen Bahnhof. Das alte Gut katapultierte er ins industrielle Zeitalter und machte es zu einem modernen Musterbetrieb. Der Rinderstall wurde mit einem Röhrensystem durch die Gase der Gülle beheizt und eine dampfbetriebene Feldmaschine erleichterte die Arbeiten auf dem Acker. Auch die von einer Dampfmaschine betriebene Schnapsbrennerei war eine futuristische Vision im Havelland.

TIPP

Ein Spaziergang am Groß Behnitzer See.

Seit ein paar Jahren heißt das Landgut „Stober". Nach einem Rechtsstreit zwischen den Erben Borsig und dem neuen Besitzer, der Familie Stober, darf der alte Name nicht mehr verwendet werden. Die neuen Besitzer haben das alte Gut aufgeweckt und restauriert. Das erste zertifizierte Biohotel Brandenburgs ist entstanden, ebenso ein Hofladen, ein standesamtliches Heiratszimmer und ein Restaurant mit einer hübschen Aussichtsterrasse. Nur das Herrenhaus fehlt, es wurde 1947 abgerissen. Das schmucke Eingangstor zum Gutsensemble ist ein altes Stadttor aus Berlin. 1867 wurde das Oranienburger Tor dort abgerissen, weil es die Wege in die Boomstadt beengte. Direkt hinter diesem Tor lag einst das erste Werk von August Borsig, er hat es jeden Tag gesehen.

- Landgut Stober, Behnitzer Dorfstraße 27–31, 14641 Nauen, Tel. (03 32 39) 2 04 40 www.landgut-stober.de
- ÖPNV: Bus 660, Haltestelle Groß Behnitz Dorf

Der Spuckwettbewerb

4 Die Stadtschleuse in Rathenow

Ab und zu spuckt er ungeniert einfach in den Kanal. Ganz unerwartet tut er das und in unregelmäßigen Abständen. Er ist einer von drei Männern in Arbeitskleidung und Schiebermütze. Einer hat eine Tabakspfeife im Mund, der andere einen Stift hinterm Ohr und der dritte den Flachmann in der hinteren Hosentasche. Ein Hund ist auch dabei, er wird gerade gefüttert. Alle drei sehen etwas altertümlich aus und sie sind aus Bronze. Die Schleusenspucker lehnen sich an die Brüstung der 1884 angelegten Stadtschleuse des Rathenower Stadtkanals. Seit 2006 erinnern sie dort an die Tagelöhner, die nach der Weltwirtschaftskrise hier standen und auf Arbeit beim Be- und Entladen der in der Schleuse anlegenden Lastkähne warteten. Das Warten zwischen den Gelegenheitsaufgaben vertrieben sie sich mit Klönen und Spuckwettbewerben. Irgendwann wurde für die auf ein paar Mark Verdienst hoffenden Männer der Name „Schleusenspucker" gebräuchlich. Der Rathenower Bildhauer Volker Michael Roth schuf ihr Abbild zur Landesgartenschau. Einer der drei schleudert mit einem Spuckmechanismus im Mund immer wieder Tropfen heraus.

Die Schleuse ist immer noch in Gebrauch und das Schleusenwärterhäuschen hübsch renoviert. Lastkähne kommen keine mehr vorbei, aber es lohnt sich, den Sport- und Hausbootkapitänen bei ihrem Weg über den Rathenower Stadtkanal und durch die Stadtschleuse zuzuschauen. Nur mit dem Spucken sollte man etwas vorsichtig sein. Der Blick über den kleinen Kanal ist romantisch schön und die Weiden lassen ihre Zweige tief ins Wasser hängen. Gegenüber streckt sich der Kirchturm von St. Marien Andreas über das Grün der Uferböschung gen Himmel. Ein paar Schritte im Hintergrund steht der Große Brandenburger Kurfürst aus Sandstein. Das Denkmal ist die bedeutendste barocke Sandsteinskulptur Norddeutschlands. Zwei Jahre dauerte die Herstellung der großen Skulptur, 1738 war sie fertig. Sie zeigt den Großen Kurfürsten Friedrich Wilhelm als Sieger über die Schweden und als Held der Schlacht von Rathenow. Fortuna, die Göttin des Glücks, war mit ihm.

- Stadtschleuse Rathenow, Schleusenstraße, 14712 Rathenow
- ÖPNV: Bus 672, 673, 679, 681, 683, Haltestelle Stadtschleuse, Rathenow

Der Süden im Norden

5 Der Werderaner Wachtelberg und die Weintiene

59 Höhenmeter! Das ist schon eine Menge für das flache Havelland. Das Ziel heißt Wachtelberg. Dabei geht es gar nicht um Wachteln, sondern um Wein. Oben angekommen: welch eine Überraschung! So weit das Auge reicht, wachsen Rebstöcke, die im Herbst voller Früchte hängen. Die Sonne spiegelt sich in jeder Frucht – hier liegt der Süden im Norden. Oben auf der Hügelkuppe steht ein Aussichtsturm, in frischem Gelb gestrichen. Er gibt den 59 Höhenmetern noch ein paar Meter extra zum weiten Ausblick über die Reben zur Havel und zu den umliegenden Wäldern. Die Weinwelt über dem Havelland. Der Wachtelberg ist die nördlichste Qualitätsweinlage Europas, und das mitten in Brandenburg. Es gibt keinen nördlicheren Weinberg in der EU, der weingesetzlich erfasst ist. Mit mehr Sonnenstunden als Rom hat Brandenburg quasi ein südliches Mikroklima.

Im 17. und 18. Jahrhundert waren die Hänge vollständig mit Reben bewachsen. Dann wurde das Wetter kühler, der Anbau schwieriger und schließlich brachte die Eisenbahn den billigen Rheinwein nach Werder und Berlin. Die Weinstöcke wurden durch Obstbäume ersetzt. Seit 1996 bewirtschaftet Dr. Manfred Lindicke den Weinberg wieder mit all seinen nördlichen Herausforderungen. Es gibt einen Rundweg als Lehrpfad. Er ist ein gut beschildertes Treffen mit den verschiedensten Züchtungen des Weins. Die größten Flächen gehören Müller-Thurgau und Regent. Das eine Vergnügen ist der weite Blick über den Streuweinberg. Das andere ist die Weintiene. Blauäugige mögen beim Weingenuss denken, Tiene sei der Name der Wirtin. Doch die Weintiene ist die nördlichste Besenwirtschaft Deutschlands. Wieder so ein brandenburgisches Phänomen! Und die Tiene … ist ein Holzbottich. Entwickelt wurde er in Werder und benutzt für den Transport der Trauben. In der Weintiene kann man den Wein probieren und dazu etwas Käse, eine Laugenstange oder Wildgulasch genießen. Oder ein Glas Sekt, durch dessen Perlen die Sonne leuchtet. Bis sie schließlich untergeht und die Havel durch die blaue Stunde fließt.

● Werderaner Weinberg mit Straußwirtschaft Weintiene, Wachtelwinkel 30, 14542 Werder (Havel), Tel. (0 33 27) 74 14 10, www.weinbau-lindicke.de
● ÖPNV: Bus 631, Haltestelle Kölner Straße, Werder, von dort 10 bis 15 Minuten zu Fuß

Beim Fährmann zahlen

6

Die Fähre zwischen Neuendorf und Wilhelmsdorf

Eine blumengeschmückte Fähre, das ist der Weg zum Glück! Die Fähre pendelt über einen verwunschenen Fluss und der freundliche Fährmann nimmt alle Wartenden gerne mit. An ihrem Geländer hängen die Blumenkästen mit gelbrot leuchtenden Blüten. Das ist die Fähre Neuendorf. Sie fährt von Neuendorf zum Wilhelmsdorfer Buhnenhaus am Rande der Stadt Brandenburg und quert dabei die Niederhavel. Die ist hier, kurz bevor sie in den Breitlingsee mündet, wildromantisch. Bäume und Büsche stehen im Wasser, kleine Inseln schwimmen im Fluss. Es ist so schön, man kann ruhig zweimal hin- und herfahren.

Der erste Fährmann hieß Albert Voigt und kam von der Waterkant. Anfang des 20. Jahrhunderts schipperte er die ersten Ausflügler über die Havel. Zu Beginn war die Fähre mit einer Kette am Ufer befestigt und wurde per Hand über den Fluss gezogen, später übernahm ein Dieselmotor. Dann wurde aus der Kette ein Seil und die Neuendorfer Seilfähre nahm ihren Dienst auf. Sie war beliebt, galt aber nach der politischen Wende als unwirtschaftlich und stand fast vor dem Aus. Nur die Proteste der Neuendorfer retteten ihre Fähre. Seitdem schippern Mathias Harms und Marion Fischer ihre Gäste über die Niederhavel. Und manchmal fährt sogar ganz gemütlich der Hund Speedy mit. Für Kinder und Fahrräder ist die Überfahrt übrigens gratis. Die Neuendorfer Fähre ist einen Miniabstecher vom Havelradweg entfernt und für Radler liegt sie fast auf dem Weg. Der Fährkahn nimmt auch kleinere Autos mit und natürlich die Fußgänger. Der Weg übers Wasser ist die schönste Anreise zum Ausflugslokal Buhnenhaus. Nicht weit von der Fähre entfernt auf der Wilhelmshorster Seite öffnet es für seine Gäste die Türen und den Biergarten unter großen Kastanien. Hier wird ganz unprätentiös leckeres, handfestes Essen zu fairen Preisen serviert. Am Wasser gibt es Bootsplätze für Dauer- und Tagesanleger und einen Steg zur Dampferanlegestelle. Während des Sommers kommen mehrfach am Tag Anna oder Frieda, die Ausflugsschiffe aus der Stadt Brandenburg, vorbei.

TIPP

Traditionelle Gerichte im Buhnenhaus genießen und danach einen Ausflug auf dem Wasser unternehmen.

- Havelfähre Neuendorf, Windmühlenweg 57 a, 14770 Brandenburg
- ÖPNV: Bus 522, Haltestelle Buhnenhaus, Bus 526, Haltestelle Neuendorf

Schokolade zum Frühstück

7 Die Tapeten im Schloss zu Paretz

Es ist ein Traum in Tapete. Die Felder der Umgebung wachsen ins Zimmer hinein, Kornblumen und Mohnblumen blühen auf allen Seiten. Obst reift auf den Bäumen und Vögel sitzen in den Zweigen. Die wertvollen Papiertapeten im Schloss Paretz sind ein Hingucker und eine Anregung für elegantes klassizistisches Raumdesign! Paretz ist ein altes Dorf. Viele Jahrhunderte lang lebten hier Fischer und Bauern. Sie waren Leibeigene der von Dierickes, der von Arnims und der von Blumenthals, bis König Friedrich Wilhelm III. 1797 das Dorf für 85.000 Taler kaufte. Sein Projekt war der Bau eines modernen Musterdorfes samt Sommerwohnsitz für die königliche Familie. Zur gestalterischen Unterstützung engagierte er die Architekten Gilly, Vater und Sohn.

Entlang der Kopfsteinpflasterstraße entstanden für das preußische Modellgut zehn Bauernhäuser im gleichen Stil, dazu ein aufwendigeres Amtshaus, das Spritzenhaus, ein Haus für die Leineweber und die Schmiede im Gotischen Haus. Die alte Kirche wurde in schlichter Eleganz im damals brandneuen neogotischen Stil umgebaut. Das Schloss in Paretz sieht weder herrschaftlich noch großartig aus. Ein schlichter Bau in ländlicher Stille, ganz abseits des Potsdamer Regierungsgetümmels. Genau das war die Absicht der königlichen Familie. „Nur immer denken, dass Sie für einen armen Gutsherrn bauen", weist der Kronprinz seine Architekten an. Es wird der Lieblingsplatz von Königin Luise, die manchmal als die glücklichere Lady Di ihrer Zeit bezeichnet wird. Im Zimmer des Königs ranken die Weinreben, in den Zimmern Luises strahlen ihre Lieblingsblumen in saftigem Rot und leuchtendem Blau. Der pflanzenbemalte Gartensaal scheint wie eine Erweiterung der Potsdamer Parklandschaft, das Draußen im Drinnen. Und morgens vor dem Aufstehen betrachtete Luise die gemalte Blütenpracht und trank, um rundum glücklich zu sein, „3 Tassen Schokolade mit Saane vermischt".

TIPP

In der Schlossremise Kutschen, Schlitten und Sänften des preußischen Königshauses bestaunen.

● Schloss Paretz, Parkring 1, 14669 Ketzin
ÖPNV: Bus 614, Haltestelle Paretz Knoblaucher Straße

Der Ort des Lichts

8

Das Strandbad in Ferch am Schwielowsee

Den schönsten Blick gibt es von der südlichen Spitze! Das ist der Panoramablick auf den Schwielowsee. 5,4 Kilometer lang und 2 Kilometer breit liegt er eingebettet zwischen bewaldeten Hügeln. Das Licht fließt glitzernd über das Wasser, Segelboote tanzen wie kleine Punkte über den Wellen. Der Platz zum Genießen ist das Strandbad in Ferch. Ein kleiner Sandstrand, eine Wiese, ein Beachvolleyballnetz. Alles, was Badenixen und Meermänner suchen, ganz ohne Schnickschnack. Wer das Wasser liebt, aber nicht hautnah vom nassen Element umgeben sein möchte, kann in der Nähe ein Kajak mieten. Und dann ist da noch der Pavillon mit seiner Holzterrasse und dem gastronomischen Angebot. Zu jeder Tageszeit ein schöner Platz, während der Blick von Ufer zu Ufer über den See schweift. Es gibt leckeren Kuchen, kleine Speisen, Eis und Getränke. Richtig perfekt ist es hier am Abend! Der Holzpavillon beim Strandbad Ferch ist ein idealer Platz für ein gutes Glas Wein und an Sonnenabenden ein fantastischer Ort für den Sundowner.

TIPP

Im Japanischen Bonsaigarten in Ferch Miniaturbäume und -landschaften bewundern.

Ferch war einmal ein Ort des Obstanbaus, der Ziegeleien, der Pechsieder und der Fischer. Im Mittelalter gehörte die Siedlung den Zisterziensermönchen aus Lehnin, später der Ritterfamilie von Rochow. Die ältesten erhaltenen Häuser stehen reetgedeckt und blumengeschmückt an der Dorfstraße. Ferch ist ein Ort des Lichts! Das erkannten auch die Künstler. Ende des 19. Jahrhunderts kamen Karl Hagemeister aus Werder und sein Freund Carl Schuch aus Wien, um in Ferch an ihren malerischen Werken zu arbeiten. Für sie war Ferch ein Refugium und sie machten es zum „Malerdorf". Heute ist ihnen eines der uralten Häuser im Ortskern von Ferch als Museum gewidmet. Ihre Werke spiegeln das Licht zu jeder Tages- und Jahreszeit und zeigen auch den Schwielowsee im Sonnenuntergang. Für alle, denen Seeterrasse und Kunstmuseum noch nicht genügen, ist der Besuch in der Fischerkirche eine Empfehlung. An der Decke der Kirche schweben in Wolken gemalte Engelsgesichter, als würden sie aus einem Sommerhimmel über den Schwielowsee schauen.

● Strandbad Ferch, Dorfstraße 41 a, 14548 Schwielowsee OT Ferch
strand-ferch.jimdosite.com
● ÖPNV: Bus 607, Haltestelle Strandbad Ferch

Vögel des Glücks

9 Zu den Kranichen bei Linum

Tausende und Abertausende Vögel des Glücks kommen in jedem Jahr ins Havelland! Nirgends in Mitteleuropa gibt es so viele herbstliche Glücksbringer wie in und um Linum. Die Boten der Weisheit, der Gesundheit und der Liebe sind faszinierend elegante Vögel. Ihr trompetengleicher Ruf hallt weit durch die Landschaft des Havelländischen Luchs. Bis zu 120.000 Kraniche rasten auf ihrem Zug von Nord nach Süd alljährlich in dieser Gegend. Das Luch ist ein sumpfiges Feuchtgebiet, sein Name ist eine slawische Bezeichnung. Vor 250 Jahren begann im Moor der Torfabbau, die gierige Großstadt Berlin brauchte Heizmaterial. So entstand in den Torfgruben das Teichland, das von den Kranichen bis heute geliebt wird. Bei Linum finden sie alles. Einen vor Feinden sicheren Schlafplatz im seichten Wasser und reichhaltiges Fressen. Das Linumer Kranichmanagement bietet ihnen 5-Sterne-Übernachtungsplätze, die vor dem Weiterzug gen Süden begeistert angenommen werden. Die überstauten Wiesen gleichen große Schlafsälen, die sich im Herbst Abend für Abend füllen. Das Teichland ist ein Zauberland. Zwischen Schilf und Röhricht verstummt die laute sogenannte Zivilisation und nur die Stimmen der Tiere, das Rauschen des Windes und manchmal das Plätschern des Wassers sind zu hören. Der Spaziergang durch die Teichlandschaft ist immer schön und ereignisreich, zu jeder Jahreszeit. Vier Beobachtungstürme öffnen den Weitblick auf die Wasserflächen. Im Restaurant Teichland gibt es frischen Fisch und der Amtmannschiffer fährt Besucher vom Amtmannkanal zum Alten Rhin auf Beobachtungskurs. Im Herbst sind die Kraniche zu Besuch in Linum. Im Frühling und Sommer kommen die Störche und machen Linum zum Storchendorf. Das Glück ist hier immer ganz nah! Genaue Auskunft über Lebensweisen und Beobachtungszeiten gibt es im NABU-Zentrum an der Hauptstraße. Entlang der dörflichen Flaniermeile bieten einige Hofläden die hübsch arrangierte Auswahl regionaler Spezialitäten. Zum Schluss des Tages fliegen die ankommenden Kraniche durch die Strahlen der untergehenden Sonne, welch ein Glück!

- 16833 Linum
- ÖPNV: RE 6, Haltestelle Bahnhof Kremmen, die letzten 12 Kilometer mit dem Taxi oder Fahrrad, oder Anreise mit dem Auto

Sommeridyll eines Physikers

10 Das Einsteinhaus in Caputh

Es ist das letzte Haus in der Straße am Waldrand von Caputh, das Sommerhaus des Nobelpreisträgers Albert Einstein. 10 Minuten steiler Fußweg sind es vom Templiner See. Das braune Holzhaus mit den großen französischen Fenstern und den weiß gestrichenen Fensterläden wurde in moderner Blockbauweise vom Architekten Konrad Wachsmann errichtet, der zuvor charmant, energisch und etwas hochstaplerisch bei Ehefrau Elsa Einstein um den repräsentativen Auftrag geworben hatte. Das Haus besteht quasi aus zwei Hälften. Die eine ist unaufgeregt altmodisch, die andere zeigt moderne Bauhausarchitektur. Die eine hat ein Ziegeldach, die andere ein flaches, das gleichzeitig als grandiose Terrasse dient. Innen ist das Holz der Wände farbig lasiert, im oberem Stockwerk herrschen pastellene Grün- und Blautöne vor. Diese Farben! Das ist wie ein Stück vom See im Haus. Albert Einstein liebte das Wasser und die Ruhe am Wald. So wird berichtet, dass es im Haus kein Telefon gab. Wollte jemand mit dem Nobelpreisträger telefonisch sprechen, musste er beim Töpfermeister Wolff nebenan anrufen. Der holte dann die Einsteins. Später schenkte Elsa Einstein dem Töpfermeister eine Trompete. Einmal lang und laut trompetet verlangte nach Albert Einstein persönlich. In seiner freien Zeit ging der Physiker gerne segeln, dabei konnte er gar nicht schwimmen. Aufs Wasser ging er am liebsten mit seinem Segelboot Tümmler und hin und wieder auch mit einer Geliebten. Auf allen Fotos, die es vom segelnden Einstein gibt, sieht er einfach glücklich aus.

Die Einsteins konnten ihr 1929 gebautes Haus nur kurze Zeit genießen. 1933 mussten sie vor den Nazis fliehen. Der besondere Ort ist die Terrasse. Der Blick schweift über die Baumwipfel und die Dächer der Nachbarhäuser bis zum See. Das ist der Ort des Glücks und der Gänsehaut! Hier standen Albert Einstein, seine Frau, seine Familie und mindestens sechs Nobelpreisträger! Welch ein Ort. Ein Ort, um das Schreibheft aufzuschlagen und eine geniale Lebensweisheit zu formulieren oder eine neue physikalische Theorie.

- Einsteinhaus Caputh, Am Waldrand 15–17, 14548 Schwielowsee, Tel. (03 31) 2 71 78-0, www.einsteinsommerhaus.de
- ÖPNV: Bus 607, Haltestelle Caputh Schumannstraße, von dort etwa 15 Minuten zu Fuß

Ein Park für Romantiker

11 Schloss und Landschaftspark Nennhausen

Durch das Geäst der alten Eichen schweift der Blick auf das gelbe Haus. Das ist der Ort für wahre Romantiker und für alle, die romantische Literatur lieben! Hier trafen sich im 19. Jahrhundert die Besucher des Märkischen Musenhofs, Schloss und Park Nennhausen waren ein intellektuelles Zentrum und ein literarischer Salon. Das Schloss erinnert mit seinen Zinnen an ein Stück mittelalterliches England, mitten im Havelland. Drum herum lädt der englische Landschaftspark zum Flanieren, zum Träumen und zum Verweilen ein. Nennhausen ist ein Anwesen voller Geschichte. Einst wohnten hier das Schriftstellerpaar de la Motte Fouqué, Caroline und Baron Friedrich. Der französische Name verweist auf die Familie des Mannes, sie kamen als Migranten mit den vertriebenen Hugenotten. Caroline, die Ehefrau, war eine geborenen von Briest. Den Namen ihrer Familie lieh sich unser literarischer Begleiter Theodor Fontane für eine seiner berühmtesten fiktiven Persönlichkeiten aus. Effi Briest. Caroline schrieb selbst Romane und ihr Mann war einer der ersten Dichter der Romantik. Im Schlosspark formulierte er Teile des Kunstmärchens Undine, von der berühmten Wassernixe hören wir auch in der Stadt Brandenburg.

TIPP

Das Schloss ist nicht öffentlich zugänglich, wird aber für Konzerte und Veranstaltungen geöffnet.

Während der Sommermonate vor 200 Jahren war Schloss Nennhausen ein illustrer Treffpunkt. Joseph von Eichendorff, Adelbert von Chamisso, E. T. A. Hoffmann, Rahel Varnhagen von Ense mit ihrem Mann und Wilhelm von Humboldt nebst Gattin reisten an. Sie alle kamen in die Sommerfrische und ließen das hektische Berlin hinter sich. Sie wussten, dass es im Grünen und im Havelland sehr viel romantischer ist. Zu ihrer Zeit, zwischen 1803 und 1833, war das Schloss noch barock gestaltet. So neogotisch, wie es heute aussieht, wurde es erst um 1860 umgebaut. Die Romantiker liebten den Garten. Er wurde ab 1780 nach englischem Vorbild neu angelegt. Schäferstündchen, Spaziergänge, ein Picknick im Grünen, das alles war und ist nun wieder möglich. Nachdem der Park durch die Zeiten gelitten hat, ist er inzwischen auf einem guten Weg zum romantischen Glück.

- Schloss und Landschaftspark Nennhausen, Fouqué-Platz 4, 14715 Nennhausen
- ÖPNV: RE 4, Haltestelle Nennhausen Bahnhof, von dort etwa 10 Minuten zu Fuß

Buddhistisches Tortenglück

12 Backwahn in Päwesin

Vorher ins Kuchenglück oder danach? Die Entscheidung fällt nicht leicht. Päwesin ist ein kleines Dorf mit nur 560 Einwohnern. Drum herum gibt es viel Landschaft, Wasser und Erholung. Mitten im Ort steht die Saalkirche von 1727 mit ihrem flachen Zwiebelturm. Er ist ein barocker Zeigefinger im sonst von Feld- und Backstein geprägten Havelland. Der Kirchturm überragt den kleinen Weiler, höchstens ein Storch kommt ihm ganz nah. Sonst scheint hier alles, als wäre nichts. Doch der erste Blick täuscht wie so oft. In der Kulturscheune gibt es im Sommer samstags Pizza und Kultur. Und nur wenige Schritte neben der Kirche wartet an jedem Tag der Woche in gläsernen Vitrinen das verführerische Glück. Backwahn heißt das Ziel. Backwahn ist eine sehr besondere Bäckerei, denn sie wird von buddhistischen Mönchen und Nonnen betrieben. Sie haben in Päwesin ihr Kloster Ganden Tashi Choeling in einem alten Gutshaus und der verlassenen Dorfgaststätte aufgebaut. Backwahn einfach Bäckerei zu nennen, wäre eine Untertreibung. Die Verkaufsvitrinen lassen alle Augen größer werden, denn sie sind ein Schlemmerland. Obstkuchen, Schmandkuchen, Linzertorte, Cheesecake, Sahneschnitten, Croissants, Brot und vieles mehr gibt es in wechselndem Angebot. Alles superlecker! Oft stehen Warteschlangen vor dem kleinen Laden und drinnen fällt dann die Entscheidung schwer. Kuchen und Torten sind zum Mitnehmen oder zum Glücklichessen vor Ort. Seit 2012 backen die buddhistischen Kleriker mit wahnsinnigem Erfolg. Doch für sie bleibt das Backen Nebensache. Die Bäckerei und ein Friseursalon sind ihre finanzielle Lebensgrundlage. Die Hauptsache bleibt das Studium des Buddhismus des tibetischen Mahayana in ihrem stillen Zentrum. Für Interessierte bieten sie noch mehr als die gebackene Versuchung an. Das Kloster Ganden Tashi Choeling lädt nach Voranmeldung zu Festen, Arbeitsferien, Vorträgen und spirituellen Meditationen ein. Für die Nonnen und Mönche ist Essen ein Mittel zum Zweck, aber Backwahn macht nach süßer Sünde süchtig.

● Backwahn, Brandenburger Straße 15, 14778 Päwesin, Tel. (03 38 38) 3 07 75
Kulturverein Päwesin, Kirchplatz 1, 14778 Päwesin, Tel. (01 76) 63 25 44 16
● ÖPNV: Bus 558, Haltestelle Päwesin

Alles auf Anfang

13

Die Dominsel in Brandenburg

Allem Anfang wohnt ein Zauber inne. Die Brandenburger Dominsel ist die Wiege der Mark. Es ist das Herz! Ohne dieses Zentrum wäre alles nichts! Ohne die Brandenburger Dominsel kein Berlin und kein Potsdam und kein Bundesland Brandenburg. Der eintürmige rote Dom ragt aus dem Inselviertel und obgleich nicht alle Häuser uralt sind, erstrahlt ein mittelalterliches Ambiente. Die zwischen Beetzsee und Havel gelegene Dominsel erzählt und bewahrt Geschichte. 948! In diesem Jahr gründete Otto I. das erste Bistum östlich der Elbe, und damit das erste in der Mark Brandenburg. Der Grundstein für den gotischen Backsteindom wurde um 1165 in den sumpfigen Sand gelegt. Der Ort liegt gut geschützt zwischen den Havelarmen, doch durch die sumpfige Standortwahl blieb es für den Bau unsicher. Bis heute sind in der Kirche die großen Eisenanker zur Stabilisierung gut zu sehen. Den letzten Krieg hat der Dom, anders als die Stadt, unbeschadet überstanden. Neben dem Dom gehört die gesamte ehemalige Klosteranlage zum Ensemble. Im Westen steht die frühere Ritterakademie. Seit 1704 lernten die Söhne des märkischen Adels an dieser Schule. Jeder, der in den preußischen Staatsdienst wollte, musste mindestens zwei Jahre Französisch, Naturwissenschaften, Staatsrechtslehre und den Stoff der Kernfächer pauken. Heute sind in die Gebäude die Evangelische Grundschule und das Evangelische Gymnasium eingezogen. Gegenüber steht die Spiegelburg, sie ist das zweitälteste Gebäude auf der Insel. Wahrscheinlich war sie einst der bewehrte Bischofssitz. Fans mittelalterlicher Textilkunst werden im Dommuseum selig! Auch für Liebhaber alter Urkunden und sakraler Kunst lohnt sich der Besuch. Vor dem Dom steht ein mächtiger Baum, 16 Meter hoch, etwas mehr als 3 unumfassbare Meter dick. Die schwedische Mehlbeere ist in unseren Breiten ein seltenes Gewächs. Mehr als 100 Jahre hat die alte Schwedin auf dem Borkenbuckel und betrachtet gelassen das Geschehen und Treiben auf der Brandenburger Dominsel.

TIPP

In der ehemaligen Domkurie im Hotel Brandenburger Dom übernachten und im Remise regional genießen.

- Dominsel Brandenburg, 14776 Brandenburg an der Havel
- ÖPNV: Tram 6, Haltestelle Neustädtischer Markt, von dort etwa 10 Minuten zu Fuß

Schiff ahoi!

14 Schifffahrt von Potsdam nach Brandenburg

Das Glück ist ein langer, ruhiger Fluss. Ein noch größeres Glück ist es, mit dem Schiff auf dem langsamen Fluss unterwegs zu sein. Sich schippern lassen, nix tun, entspannen. Das ist mit der Schifffahrt in Potsdam möglich. Eine Bootsfahrt von Potsdam bis Brandenburg ist Entschleunigung pur. WLAN funktioniert auch nicht und so bleibt man bei sich. Die Gedanken fließen mit dem Wasser gelassen davon, die Ufer ziehen vorüber, weiße Schwäne begleiten das Schiff. Ein bequemer Platz an Bord und 4 Stunden Fahrt voraus. In keiner Minute wird die Zeit langweilig. Es gibt viel zu sehen zwischen Himmel und Land. An Potsdams Langer Brücke beginnt die Fahrt. Über den Templiner See in das Caputher Gemünde geht's zum ersten Stopp in Caputh. „Komm nach Caputh, pfeif auf die Welt", schrieb der Weltenkenner Albert Einstein. Stoppen ist erlaubt, aber weiterfahren und später wiederkommen ist schöner. „Der Schwielowsee ist breit, behaglich, sonnig und hat die Gutmütigkeit aller breit angelegten Naturen", verfasste der havelländische Haus- und Hofdichter Theodor Fontane. Daran hat sich bis heute nichts geändert. Die nächsten Stationen sind Baumgartenbrück und Werder. Man fährt vorbei an der Insel Werder, blickt auf die Bockwindmühle, deren Flügel leise klappern, und weiter durch die pure Havellandschaft. Die hängenden Weiden streicheln sanft das Wasser, Vögel finden Schutz im Schilf und mit Glück sieht man den Fischadler aufsteigen. Der Alltag bleibt ganz weit weg. Das Schiff schwankt leicht, während die Landschaft mit Ufer und Häusern, mal alt verträumt, mal schick erneuert, vorbeizieht. Möwen segeln über dem Wasser, die gefräßigen Kormorane posieren auf toten Baumstämmen und Reiher stehen in einem Nebenarm. Die Zeit vergeht wie im Flug. Schauen und träumen und die Sonnencreme nicht vergessen. Nach 4 Stunden erreicht der Dampfer die Stadt Brandenburg. Danach geht es gleich mit dem Schiff zurück oder man nimmt nach einem gemütlichen Bummel durch die Stadt den Zug.

● Weiße Flotte Potsdam, Lange Brücke 6, 14467 Potsdam,
Tel. (03 31) 2 75 92-10/-20/-30 (Ticketverkauf), schifffahrt-in-potsdam.de
● ÖPNV: RE 1, Haltestellen Potsdam Hauptbahnhof und Brandenburg Hauptbahnhof

Im Dschungel des Havellandes

15

Die Deetzer Erdelöcher

Es ist ein Dschungel! Der Amazonas der Mark. Ein Ort, um sich zu verlieren, um glücklich zu sein. Überall breitet sich das Grün aus, Lianen hängen herab, Wasser dringt durch das Dickicht, scheinbare Wege verschwinden im Nirgendwo, schmale Pfade rutschen ins Nichts. So wild sind die Deetzer Erdelöcher zwischen der Havel und dem Dörfchen Deetz. Grün überwucherte Landstege trennen die kleinen Seen und Teiche im Labyrinth aus Wasserflächen und üppiger Vegetation. Und doch sind diese Erdelöcher nichts anderes als ehemalige Tongruben. Sie entstanden durch den großflächigen Abbau von Tonerde, die sich in den eiszeitlichen Erdschichten der Mark Brandenburg abgelagert hatte. Solche Löcher gibt es an vielen Stellen entlang der Havel, doch fast nirgends hat sie eine so herrliche Wildnis wie hier überwuchert.

TIPP

Im Heimatmuseum in Deetz erfährt man viel über das Leben im Dorf, seine Ziegeleien und Windmühlen.

Die unzähligen Tongruben auf der 51 Hektar großen Fläche sind zwischen Mitte des 19. Jahrhunderts und 1963 entstanden. Der Ton wurde in Knochenarbeit herausgeschaufelt und in sieben Ziegeleien geformt und gebrannt. Insgesamt gab es entlang der Havel über 180 Ziegelfabriken! Mithilfe einer kleinen Lorenbahn wurden die fertigen Ziegel zum Hafen an der Havel transportiert, auf Lastkähne verladen und verschifft. Den Verladekai kann man noch sehen. Aus dem Ton der Erdelöcher wurde Berlin gebaut. Es war ein lukratives Geschäft. Die großartigen gründerzeitlichen Villen der damaligen Ziegeleibesitzer in Deetz zeugen davon. Inzwischen sind die alten Gruben mit Wasser gefüllt. Schilf steht am Ufer, der Specht hämmert, ein Fischreiher fliegt auf und Schwäne schwimmen neugierig ans Ufer. Eine alte Drehbrücke taucht auf, sie ist inzwischen mit Bäumen verwachsen. Für Badenixen und Badeboys gibt es Einstiegsstellen ins Wasser und für Angler mit Erlaubnis Stellplätze im Fischparadies.

Und keine Angst, im Dschungel gibt es lesbare Zeichen. Der Ziegeleirundweg ist gut ausgeschildert und führt mit einem roten Punkt im Zickzack durch das Areal. Probier's mal mit dem Dschungel und schmeiß die Sorgen über Bord!

- Deetzer Erdelöcher, bei 14550 Groß Kreutz OT Deetz
- ÖPNV: Bus 635, Haltestelle Deetz Dorf

Stark auch bei Gegenwind

16 Rohrweberei Pritzerbe

Sie ist die Letzte ihrer Art! In Pritzerbe lebt sie noch, die alte Tradition der Rohrweberei. Hier werden noch immer dekorative Rohrmatten aus Schilfrohr hergestellt – 100-prozentig öko, nachhaltig, robust, lokal, Handarbeit, ohne Zwischenhandel, typisch Havelland und eine perfekte Adresse für jede Regio-Shopping-Queen. Überall entlang der Havel wiegen sich die Halme im Wind und brechen nicht. An fast jedem Uferstreifen wachsen Schilf, Rohrkolben und Gräser. Das Röhricht ist ein Refugium für Tiere und ein Segen für den Uferschutz. Zusätzlich ist es eine regenerative Ressource und seit Menschengedenken ein kostbarer Rohstoff. Fachwerk wurde mit Röhricht stabilisiert, Zwischenböden aus Schilf eingezogen und Dächer mit Reed gedeckt. Die Weber verarbeiteten das Rohr zu vielfältig nutzbaren Matten. In Pritzerbe zeigt die einzige Rohrweberei Deutschlands, wie das funktioniert. In einer absichtlich etwas staubigen Ecke sitzt Lotti am Webstuhl und verwebt scheinbar die langen Halme. Lotti ist eine Puppe, die das Weben anschaulich macht. Doch das Klappern kommt aus einer anderen Ecke. Dort wird tatsächlich am Handwebstuhl gearbeitet. Besucher dürfen zuschauen und an speziellen Terminen auch selbst Hand anlegen.

1946 hat Georg Wellendorf das alte Schützenhaus in Pritzerbe gepachtet und eine Rohrweberei daraus gemacht. Aus dem heimischen Schilfrohr stellten die Weberinnen damals hauptsächlich Schattenmatten für Gewächshäuser her. Die besonderen alten Webstühle und das Fachwissen über das jahrhundertealte Handwerk sind ein Schatz! Pritzerbe erhält ihn. Seit 2013 ist die Rohrweberei ein Museum. Auf 100 Quadratmetern und mit moderner Museumsdidaktik gibt's alles zu sehen und an Audiostationen auch zu hören, was zum Rohr gehört. Nicht nur das Weben, sondern auch die Natur in der wild wachsenden Schutzzone sind das Museumsthema. Vor dem alten Schützenhaus führt ein Steg mitten hinein ins Schilf und zu seinen Bewohnern. Am Ende steht man auf einer kleinen Aussichtsplattform und blickt über den Pritzerber See.

- Rohrweberei, Marzahner Chaussee 6, 14798 Havelsee OT Pritzerbe, Tel. (03 38 34) 5 02 36, rohrweberei.de
- ÖPNV: RB 51, Haltestelle Bahnhof Pritzerbe

Doping fürs Hirn

17

Das Schloss in Reckahn

Bildung macht glücklich! Das Ehepaar von Rochow trat im 18. Jahrhundert den Beweis dafür an. Im Schloss Reckahn feilten sie an der Idee, die Unmündigkeit der Landbevölkerung zu überwinden. Das Mittel dazu war die aufgeklärte Lehre vom rationalen Denken. Heutzutage laden sie im übertragenen Sinne in ihre Diskussionsrunden zu diesem Thema ein. Ausgangspunkt: Schule. Wer lesen, schreiben und rechnen kann, der baut auch ertragreich Feldfrüchte an und lernt, selbst zu denken. Auf dem dunklen Polster der breiten Sitzbank im Schlosssaal ist noch Platz für Besucher. Über 1100 Gäste kamen damals in 30 Jahren, in feinsäuberlicher Handschrift sind ihre Namen im aufgeschlagenen Gästebuch vermerkt. Künstler, Wissenschaftler, Fürsten und Minister reisten von weit her an. Das Glück in Reckahn war das geistreiche Gespräch in der intellektuellen Runde, das erzieherische Konzept der neuen Schule und, ja, auch die Jagd. Mit schönem Parkblick kann man dem erlauchten Zirkel entspannt lauschen. Vier Teilnehmer sind schon anwesend, wenn auch nur ihre Büsten aus Gips. Das Ehepaar von Rochow ist mit dem Fürsten von Anhalt-Dessau und dem Minister von Zedlitz in ein Gespräch vertieft, das aus Zitaten ihrer Schriften vorgelesen wird. Welch neuartige, spannende Vorschläge sie für die Erziehung der Kinder machten! Kein Drill, sondern Eigenständigkeit war die Idee. Im Museum werden die Einfälle des ehemaligen Hausherrn vorgeführt. Dazu gehört ein Wettbewerb für einen leistungsfähigen Pflug, einige bunte Obstmodelle zur Lehre und ein Plädoyer für die gleiche Spurweite aller Wagen in einer auch damals schon globalen Welt. Von Rochow gründete die Märkische Ökonomische Gesellschaft, sorgte für die Fabrikation von Seide in Topqualität und kam auf die Idee, Kichererbsen als Kaffeeersatz zu verwenden. Das hat allerdings nicht funktioniert. So wie die von Rochows den pädagogischen Fortschritt propagierten, so abwechslungsreich ist das Museum in Reckahn. Mitmachen, ausprobieren oder alles betrachten. Bildung ist die mächtigste Waffe, um die Welt zu verändern!

● Schloss Reckahn, Reckahner Dorfstraße 27, 14797 Kloster Lehnin
● ÖPNV: Bus 551, Haltestelle Reckahn Dorf

Bühnenbild Havelberg

18

Ein Spaziergang auf der Spülinsel Havelberg

Der Blick auf die Stadtkulisse ist immer wieder – wow! Havelberg bietet von fast jedem Standpunkt aus Theater. Ein kleiner Spaziergang am Ufer der Havelberger Spülinsel zeigt das ganze Bühnenbild der Stadt. Die beste Zeit dafür ist der Nachmittag, wenn die Sonne schon im Westen steht und das Backsteinrot der Kirchen und der Dächer leuchtet. Die erste Station sind die knallbunten Fische, die seit der BUGA 2015 hier als Kunstobjekte stehen. Nach dem Fischblick folgt die Kanueinsatzstelle, für alle, die ihre Runden auf dem Wasser drehen. Wer länger bleibt, kann hier auch entspannt campieren, es gibt einen gemütlichen Platz für Wohnwagen und Zelte. Ein Minibistro mit Eis und hausgebackenem Kuchen bietet Domblick inklusive. Gegenüber liegen die bunten BunBo-Hausboote zum Verleih. Etwa an diesem Platz arbeitete einst die Kurfürstliche Werft Havelberg. Dort errichtete der niederländische Reeder Benjamin Raule im Auftrag des Kurfürsten Friedrich Wilhelm von Brandenburg im Jahre 1687 eine Werft für die kurbrandenburgische Marine. Raule hatte sich dem Kurfürsten 1675 als Entwickler der brandenburgischen Kriegsflotte angeboten und sich für Havelberg als einen der Stützpunkte entschieden. Hier ließ der Kurfürst die Schiffe für seine neue Brandenburgisch-Afrikanische Compagnie bauen. Das war ein koloniales Unternehmen. Die brandenburgische Kolonie hieß Groß Friedrichsburg und lag im heutigen Ghana. Kein glückliches, aber ein topaktuelles Thema.

Für den Schiffsbau dieser Größe war die Havel viel zu flach. Die halb fertigen Schiffe wurden mühsam nach Hamburg geschleppt und dort seetüchtig gemacht. Es gab den Fliegenden Drachen, der 450 Sklaven von Afrika nach Indien lieferte. Oder die Charlotte-Louise, auf der 200 Sklaven von Afrika nach St. Thomas kamen. So war der kleine Ort Havelberg durch seine Werft indirekt in den globalen Sklavenhandel verwickelt. Das ist der Schatten der Erinnerung. Doch ein Spaziergang auf der Spülinsel ist wegen des idyllischen Orts mit tollen Ausblicken immer eine gute Idee.

- Spülinsel, 39539 Havelberg, Tel. (03 93 87) 2 06 55
  www.campinginsel-havelberg.de
- ÖPNV: Bus 900, Haltestelle Uferstraße, Havelberg

Ein Koch ist selig

19

Im Dom St. Marien zu Havelberg

Seit vielen Jahrhunderten schon steht er dort, mit beiden Beinen fest auf dem Boden. In der einen Hand hält er eine Kochkelle vor dem geschnürten Gewand, die andere greift zum Halt nach einer Sandsteinsäule. Er strahlt Ruhe aus, ist rundlich, gut genährt und scheint sehr zufrieden mit sich und der Welt. Besinnlich und lächelnd schaut er mit seinem pausbäckigen Gesicht gen Himmel. Das ist der Koch im Dom von Havelberg. Er steht dort ganz vorne im Chorraum und er ist aus Stein. Wenn man in sein glückliches Gesicht schaut, kann man gar nicht anders, als selbst zu lächeln! Der Koch steht nicht alleine in der großen Kirche. Auf der anderen Seite des ihn stützenden Sandsteinpfeilers lehnt der Kellermeister. Auch er sieht auffallend ausgeglichen, fast ein wenig berauscht aus. Als hätte er die guten Tropfen aus dem Keller vorgekostet. Die beiden gehörten zusammen mit dem steinernen Mönch und dem Novizen gegenüber zum alten Lettner. Für alle, die in sakraler Kunst ein stilles Glück finden, ist der Dom St. Marien zu Havelberg ein Ort der Schönheit und des Innehaltens.

TIPP
Das Prignitz-Museum im ehemaligen Kloster besuchen.

Er wurde von den Prämonstratenser-Chorherren gebaut und am 16. August 1170 geweiht. 100 Jahre später traf ihn die Katastrophe, denn ein verheerender Großbrand zerstörte 1279 fast die gesamte Ausstattung. Das Domkapitel entschied sich für den Wiederaufbau im damals modernen Stil der Gotik. Seitdem ist der Dom stilistisch sozusagen ein Paket. Die dreischiffige romanische Basilika ist in ihrem Kern erhalten und über den romanischen Rundbögen wurden die neuen gotischen Spitzbögen hochgezogen. Spitz und rund, romanisch und gotisch, beide Stile sind im Inneren des Domes ein symbiotisch verzahntes Bild. Seit etwa 1400 gibt es einen neuen Lettner, auf dem in Bildern das Leben und Sterben Christi erzählt wird. Er trennte die Plätze der Chorherren von denen der Laien im Kirchenschiff und garantierte den Chorherren ungestörte Privatsphäre. Immerhin brachten sie manchmal auch ihre Jagdfalken und Adler mit in die Kirche.

● Dom St. Marien zu Havelberg, Domplatz 3, 39539 Havelberg
havelberg-dom.de
● ÖPNV: Bus 900, Haltestelle Wasserturm, Havelberg

Wanderung zum Höhepunkt

20 Bismarckturm auf dem Kiekeberg in Rathenow

Hinauf, hinauf! Der Weg hinauf zum Bismarckturm in Rathenow ist fast eine kleine Wanderung. Der Turm steht auf dem Kiekeberg, von dem man recht weit „kieken" kann. Die Route auf den Berg beginnt am Friedhof im Tal der Havel. Der alte Weinbergfriedhof ist ein verwunschener, romantischer Ort. Hier sind die Optikerfamilien bestattet, die Rathenow zum deutschlandweiten Zentrum optischer Industrie gemacht haben. Vorbei an den alten Gräbern, an der halb wilden lauschigen Bepflanzung, an riesigen Rhododendren, an bröckelnden Grabsteinen und den langsam im rostigen Chic zerfallenden schmiedeeisernen Umzäunungen schlängelt sich der Fußweg über zahlreiche Terrassen bis hinauf zur Auferstehungskirche. Unvermutet taucht sie backsteinern und in sanft geschwungener Architektur zwischen hohen Bäumen auf. Für alle, die Expressionismus lieben, ist sie mit ihren klaren, modernen Formen ein Ort, den man unbedingt besuchen muss. Durch das Friedhofstor und eine kleine Senke steigt der Pfad zum Kiekeberg. Das letzte Stück des Weges ist mit seinen bezaubernden Pflanzen, blühenden Blumen und Kunstobjekten ein kleiner Augenschmaus und ein Relikt der letzten Landesgartenschau.

Oben angekommen! Weitsicht ist immer ein Glück! Der 34 Meter hohe Bismarckturm ist streng genommen gar kein Turm, sondern ein Triumphbogen, unter dem einst die Skulptur des Reichskanzlers Otto von Bismarck stand. 1942 wurde sie für die Rüstungsindustrie eingeschmolzen. Fast kann man von hier aus bis in das 30 Kilometer entfernte Schönhausen, den Geburtsort Otto von Bismarcks, schauen. Immerhin, aber das ist ein Fakt für History-Freaks, hatten die Wahlmänner des Wahlkreises Westhavelland-Zauche-Brandenburg mit Sitz in Rathenow ihm zu seinem direkten Mandat im Reichstag verholfen. Durch die rechte Tür des Turms kommt man zur Treppe. 91 Stufen für Schwindelfreie bis zum Ausblick! Aber zwischen duftenden Blumenrabatten auf den Bänken unter dem Bismarckturm ist es auch sehr schön. Zeit für eine Pause.

- Bismarckturm, 14712 Rathenow
- ÖPNV: Bus 672, Haltestelle Stadtschleuse, Rathenow, von dort zu Fuß, etwa 40 Minuten pro Strecke einplanen

Der dicke Fisch

21 Laden Mehlhase in Briest

Das Schilf steht hoch, die Halme wiegen sich im leichten Wind. Typisch Havelufer. Lange hölzerne Grundnetz-Pfähle sind wie ein Tipi-Zelt am Ufer aufgestellt und ragen in den Himmel. Sie warten auf ihren Einsatz. Mit kleinen Booten werden sie über den Fluss transportiert und zur Markierung der Stellnetze in den Grund der Havel gestellt. Hier gibt's noch traditionellen Fischfang! Nebenan befindet sich eine Einsatzstelle für die Kanus der Wasserwanderer. Bänke laden zur gemütlichen Pause mit Blick auf Wasser und Schilf hier in der Flusslandschaft der Unteren Havelniederung ein. Der Held des Dorfes Briest heißt Jörg Mehlhase und er ist Fischer. Er ist einer von wenigen Männern, die in der Havel noch kommerziell auf Fischzug gehen. Sie fahren morgens um 4 Uhr, wenn die Welt noch schläft, hinaus. In der Frühe ist die beste Zeit. Sie schauen, was in ihre Netze gegangen ist und ob sie neue Pfähle bei den Reusen setzen müssen. Sie sind mit jedem Meter Fluss vertraut. Die Männer wissen, wo das Kraut zu sehr wächst, wo die Umweltverschmutzung die Natur schädigt und wo der Wasserstand durch den Klimawandel zu niedrig geworden ist. Im Sommer sind sie vor den laut knatternden Motorbooten unterwegs. Sie holen den Fang, bevor der Wirbel von Schiffsschrauben und die Geräusche des Tages die Fische stören. Die Havelfischer kennen ihr Gewässer besser als jeder andere. In Briest wird der frische Fisch auch verkauft. Der Laden Mehlhase liegt an der Dorfstraße. Das Haus ist blau gestrichen mit ein paar weißen Wolken darauf und einem fischverzierten Tisch davor. Im Angebot gibt es frischen und geräucherten Fisch. Die tagesaktuelle Vielfalt steht handgeschrieben auf einer großen schwarzen Tafel. Die Auswahl ist perfekt für ein kleines Picknick auf den Havelbänken oder zum Mitnehmen. Frisch, lokal, wild, echt Havel! Früher war es in Briest nicht ganz so ruhig. 1914 wurden in der Nähe die Rüstungsbetriebe der Brandenburgischen Flugzeugwerke gegründet und 2009 erst wieder geschlossen. Seitdem herrscht wieder Ruhe im kleinen Ort.

● Laden Mehlhase, Dorfstraße 2, 14798 Havelsee OT Briest, Tel. (0 33 81) 40 31 61
● ÖPNV: Bus 571, Haltestelle Briest, Dorf, Havelsee

Vision unter der Eiche

22

Das Kloster Lehnin

Es gibt sie, diese uralten, besonderen und heiligen Orte! An einem dieser Kraftorte steht das Kloster Lehnin. Falsche Betonung führt übrigens in die Irre, die zweite Silbe ist gefragt. Wie ein Nest liegt der Konvent zwischen grünen Wäldern und blauen Seen. In der Mitte steht die mächtige gotische Backsteinkirche mit ihrem romanischen Chor. Lehnin war das wichtigste Zisterzienserkloster in Brandenburg und es sollte als Familiengrablege der märkischen Markgrafen dienen. 1180 wurde es von Otto I. gegründet. Die Wahl des Ortes war gelungen. Es gab Wasser, Bau- und Brennholz und die hiesige Tonerde konnte für die Backsteine zum Bau der Anlage verwendet werden. Die Sonne scheint durch die bildlosen Fenster und haucht der Kirche Gold ein. Nichts ist überladen, die Dimensionen sind perfekt. Ein Moment großer Ruhe und tiefer Gelassenheit breitet sich aus, Meditation und Glück. Doch kein mittelalterliches Kloster kommt ohne eine Gründungslegende aus. In Lehnin wird erzählt, dass jener Otto I. erschöpft unter einer großen Eiche einschlief und von der wütenden Attacke einer weißen Hirschkuh träumte. In letzter Not rettete ihn sein christlicher Glaube vor dem wild gewordenen Tier. Seine Ritter waren die Traumdeuter und es wurde entschieden, hier ein Kloster zu stiften. Vielleicht war die Eiche gar ein slawisches Heiligtum, das den Christen weichen musste. An der Stelle des Baumes steht jetzt die beeindruckende Kirche. Innen öffnet sich ein wunderbar heller Raum. Hellbeige und Rot sind die Spielfarben seiner schlichten Eleganz. Doch plötzlich hakt der Fuß. In den Stufen zum Altar ist ein Holzblock. Das ist sie, die sagenhafte versteinerte Eiche, genauer der Rest von ihr. Hier also lag Otto I. und träumte. 1542 wurde das Kloster säkularisiert und seit 1911 leben und arbeiten die Diakonissen des Luise-Henrietten-Stifts in den teils neuen Gebäuden. Draußen rafften früher die Mönche ihre Kutten und liefen durch die Streuobstwiese. Im Kräutergarten wachsen noch immer Eisenkraut, Lavendel, Oregano und Ringelblumen.

TIPP

Auf dem Willibald-Alexis-Weg zum Mittelsee und zum Gohlitzsee wandern. 7,5 Kilometer, ausgeschildert.

- 14797 Kloster Lehnin
- ÖPNV: Bus 550, Haltestelle Lehnin Busbahnhof

Ein Kuchenstück vom Glück

23 Das Hofcafé Gränert in Kirchmöser

Alles hier ist Verführung. Im idyllischen Hof grünt es wie beiläufig, perfekt gestaltet und bepflanzt. Ein altes Haus, liebevoll renoviert und offen für Gäste. Sylke Noack ist die Chefin des Hofcafés Gränert in Kirchmöser. Im alten Vierseitenhof vom Ende des 19. Jahrhunderts ist jedes Detail liebevoll saniert und arrangiert. Der Gastraum ist ein Traum für alle Fans des Landhausstils und sieht aus wie eine gute Stube längst vergangener Zeit. Eine zünftige Kochmaschine steht an der Seite, sie könnte sogar noch angeheizt werden. Darüber hängt ein gesticktes Tuch und alte Küchenwerkzeuge liegen bereit. Nebenan ist ein fast 8 Meter tiefer Brunnen, den die Bauherrin ganz zufällig wiederfand, mit einer Glasscheibe abgedeckt. Er spendet immer noch frisches Wasser in Topqualität. Wirklich ein tolles Ambiente! Der Magnet im Hofcafé Gränert sind die selbst gebackenen Kuchen und Torten und die wohlschmeckenden Quiches. Dazu ein Kaffee oder eine Holunderlimonade, beste Voraussetzungen für eine gemütliche Pause. Es gibt übrigens auch Gästezimmer zum Übernachten in den Mansarden des ehemaligen Gehöfts. Das alte Bauernhaus steht mitten im Kern des 1387 erstmals erwähnten Dorfes. Nebenan liegt die aus schweren Feldsteinen errichtete, hellgelb verputzte spätmittelalterliche Kirche. Schräg gegenüber öffnet sich der Blick zum Möserschen See, der eine Bucht der Havel ist. Es gibt eine kleine Marina und ein paar Schritte weiter einen öffentlichen Badestrand. Möser, wie der Ort ursprünglich hieß, war ein überschaubares Kirchdorf, bis während des Ersten Weltkrieges Ende 1914 in Windeseile die Königlich-Preußische Pulverfabrik aufgebaut wurde. Mit Macht kam die kriegsrelevante Industrie an die Havel. Dort, wo vorher die Wohlhabenden ihre Zweithäuser am See besaßen, entstanden unter der Bauleitung von Bruno Taut 400 repräsentative Industriebauten und zunächst 172 Wohnungen. 4000 Arbeiter und 2000 Kriegsgefangene arbeiteten hier. Quasi über Nacht war neben dem alten Dorf eine neue Stadt entstanden.

- Hofcafé & Pension Gränert, Gränertstraße 6, 14774 Brandenburg OT Kirchmöser, Tel. (0 33 81) 8 91 81 40, hofcafe-graenert.de
- ÖPNV: RE 1, Haltestelle Bahnhof Kirchmöser

Heiße Ware

24 Märkisches Ziegeleimuseum Glindow

Fast am Ufer des Glindower Sees steht ein Turm aus gelben Ziegelsteinen. Ein wenig sieht er aus wie eine hübsche achteckige Zuckerdose mit einem überlangen Griff. Im Turm und nebenan geht es um heiße harte Ware. Das Märkische Ziegeleimuseum ist eine Ausstellung und gleichzeitig ein produzierender Betrieb. Wie der heiße Ziegel aus dem Ofen kam, ist brennend interessant. Der Turm, in dem die Geschichte der Ziegelei präsentiert wird, ist ein Aussichtsturm von 1890. Von oben schweift der Blick über den Glindower See und die sanften Hügel drum herum. Einst hielt man hier Ausschau nach Transportkähnen, die voll mit schweren Ziegeln beladen in die Hauptstadt fuhren und leer zurück nach Glindow kamen. „Berlin ist aus dem Kahn gebaut", mit Ziegeln aus den Brennöfen der Umgebung.
Neben dem Turm steht der riesige runde Hoffmannsche Ringofen von 1868. Seitdem, seit mehr als 150 Jahren, brennt fast ununterbrochen das Feuer in seinen 14 Brennkammern. Am Wochenende, wenn die Arbeit ruht, steht der Ringofen allen offen, die eine Führung im Museum gebucht haben. Dann ist es noch warm in den Gängen des Ofens und die Luft flirrt vom rotbraunen Ton. Die Ziegel werden per Hand abgestrichen, zum Trocknen draußen aufgeschichtet und anschließend im Ringofen gebrannt. Je nach Bestellung des Auftraggebers werden sie lasiert und dann ein zweites Mal gebrannt. Die archaische und zugleich moderne Arbeit funktioniert nach einem uralten Prinzip. Seit Tausenden von Jahren haben Menschen mit diesem Material ihr Zuhause aufgebaut. Allein 1885 wurden in Berlin etwa eine Milliarde Ziegel verbaut, in einem einzigen Jahr. Im Havelland gab es über 100 Ziegeleien, ihre rauchenden Schlote waren überall präsent. Diese Industrie hat die Landschaft geformt und einst die Arbeit in den Dörfern entlang des Flusses geprägt. Ein paar Schritte vom heißen Ofen entfernt lockt der kühle See mit einem Badestrand. Er liegt am Rand der Glindower Alpen, einer durch den Abbau der Tonerde tief zerfurchten Landschaft mit wunderschönen Wanderwegen.

- Märkisches Ziegeleimuseum, Alpenstraße 44, 14542 Werder (Havel) OT Glindow, Tel. (0 33 27) 66 93 55
- ÖPNV: Bus 641, Haltestelle Alpenstraße, Werder (Havel), von dort 15 Minuten zu Fuß

Eine Seefahrt ist lustig

25 Die Havelfähren

Glück ahoi! Ohne Fähre ist das Havelland wie ein Land ohne Havel. Viermal Havelfähre, viermal Fährglück! Bei Ketzin bringt Charlotte ihre Gäste von einem zum anderen Ufer. Bei Neuendorf ist es die Neuendorf, zwischen Pritzerbe und Kützkow schippert Pritzerbe und bei Caputh am Schwielowsee die Tussy II. Sie alle hängen fest an einem Seil, das auf dem Havelgrund liegt. Drahtseilfähren sind die Überbringer. Die Charlotte bei Ketzin setzt nach Schmergow über. Sie ist die einzige Möglichkeit, die Havel zwischen Brandenburg und Werder zu queren. Aber Achtung, an jedem dritten Mittwoch fährt sie nicht. Dann wird das Getriebe geölt und nach der Kette geschaut. Charlotte kann man auch gut vom kleinen Restaurant An der Fähre beobachten. Seit 1991 ist sie in Betrieb, doch schon im 14. Jahrhundert gab es hier eine Fähre mit Fährmann. Die Fähre Neuendorf ist eine Ausflugsfähre über die Brandenburger Niederhavel in der Stadt Brandenburg. Seit 1941 fährt das Schiff zwischen Neuendorf und Wilhelmsdorf und bringt die Gäste zum Ausflugslokal Buhnenhaus. Auf der anderen Seite lohnt ein Abstecher zur barocken Neuendorfer Dorfkirche. Mit 8 PS zieht die Fähre sich am Seil entlang, beladen mit höchstens 5 Tonnen und 20 Menschen. Allerdings tourt sie nur im Sommer. Die Pritzerbe ist schon gut 30 Jahre alt und braucht für die Strecke zwischen Pritzerbe und Kützkow 5 Minuten. Ein kurzes, schönes Havelwindglück! Seit dem Mittelalter gibt es hier eine Fähre, in früheren Jahrhunderten wurde sie gestakt. Die Fährrechte vererbten sich, heute gehören sie der Stadt Havelsee. Ihre Neuendorfer Schwester würde sie mit 30 PS lässig überholen, läge sie nicht auch an der Kette fest. Die vierte Fähre im Bunde ist Tussy II, die seit 1998 die alte Tussy ersetzt. Sie liegt auf dem Caputher Gemünde zwischen Caputh und Geltow nicht weit von Potsdam. An Wochenenden herrscht Hochbetrieb. Dann ist auch das gute Fährhaus Caputh mit seiner schönen Aussicht bis auf den letzten Platz besetzt. Eine Fährfahrt macht glücklich und garantiert nicht seekrank!

- Fähre Charlotte, 14669 Ketzin; Fähre Neuendorf, 14770 Neuendorf; Fähre Pritzerbe, 14798 Pritzerbe; Fähre Tussy II, 14548 Caputh
- ÖPNV: Bus 614, Haltestelle Ketzin; Bus B/522, Haltestelle Fontanestraße, Neuendorf, Brandenburg a. d. Havel; RB 51, Haltestelle Pritzerbe Bf; RB23, Haltestelle Caputh Schwielowsee, Schwielowsee; Bus 607, Haltestelle Feldstraße, Caputh

zkow
zerbe

Bilderbuchholland

26 Jan Bouman Haus im Holländischen Viertel

Das Holländische Viertel ist ein gemaltes Stillleben! 134 Häuser aus roten Ziegelsteinen, erbaut zwischen 1733 und 1742. Vier Karrees, dazwischen die Mittel- und die Benkertstraße. Holland auf Preußisch. Trauf- und Giebelhäuser, große Sprossenfenster, weiße Fensterrahmen und farbige Fensterläden. Nach der Wende saniert, wieder aufgebaut und chic gemacht. Das Viertel sind zwei Straßen zum Schlendern, Schauen und Stöbern! Kleine inhabergeführte Läden, nette Cafés und Restaurants. Das Holländische Viertel war ein Experiment. Friedrich Wilhelm I. wollte Wohnraum für Arbeitsmigranten aus Holland schaffen. Der König hoffte auf das Know-how der Holländer, die sich mit sandigem Boden und dem vielen Wasser sehr gut auskannten. Zusätzlich zur Unterkunft wurde ihnen die Befreiung vom Militärdienst und Steuererleichterungen offeriert. Und doch kamen viel weniger Zuwanderer als erhofft. Vielleicht war das Holländische Viertel einfach ein wenig zu preußisch. Typenhäuser, quasi eine Werkssiedlung aus Backstein. Rot angestrichen, um die billigen, fehlerhaften Ziegel zu vertuschen. Jan Bouman war einer der ersten Niederländer in Potsdam. Als ausgebildeter Tischler und Schiffsbaumeister kam er aus Amsterdam. In Potsdam und in Berlin machte er Karriere, schließlich war der Posten des Oberbaudirektors für Berlin und Potsdam seine Berufung. Das nach ihm benannte Haus ist heute ein Museum. Eine Perle mit vielen barocken Details, eingerichtet wie damals. Das restaurierte Ensemble aus Vorderhaus, Hof, Fachwerk-Hofgebäude und Hausgarten ist wieder so erlebbar, wie es ursprünglich angelegt war. Die barocke Treppe führt bis unters Dach, dort zeigt ein Film den Zeitenwandel im Viertel. Nun ja. In dem nach ihm benannten Haus hat Jan Bouman nie gewohnt. Das Holländische Viertel war nicht immer fein und Bouman selbst wohnte lieber in einem Haus im Park. Später wurde es nach einem Umbau das Schloss Charlottenhof, im südlichen Teil des Parks von Sanssouci gelegen.

- Jan Bouman Haus, Mittelstraße 8, 14467 Potsdam,
  Tel. (03 31) 2 80 37 73, jan-bouman-haus.de
- ÖPNV: Tram 96, Haltestelle Nauener Tor, Potsdam

WIR
EMPFEHLEN
Gefallenes Mädchen 3·50
Rhabarberglück
Glas 0·2 3·50
Karaffe 0·5 6·90
Apfel·Orangen·Punsch – heiß oder kalt – 2·70
FISCH·VERLIEBT
zu Brot und Butter
Ölsardinen 4·50
Riga Sprotten 6·50

Allzeit gute Fahrt

27 Hausboot am Hohennauener-Ferchesarer See

Ganz nah dran! Zwischen Wasser und Himmel unterwegs sein. Mittendrin die wasserreichsten Region Deutschlands genießen. Unterm Sternenhimmel einschlafen, zum rotgoldenen Sonnenaufgang wieder aufwachen und mit den Vögeln weiterziehen. Auf dem Hausboot unterwegs sein. Ein Tipp für den Trip als Hausbootskipper ist der Hohennauener-Ferchesarer See. Er hat einen komplizierten Namen, für den sich zwei Dörfer zusammengetan haben, Hohennauen im Westen und Ferchesar im Osten. Der See liegt quer zur Havel in Ost-West-Richtung und öffnet so den Vorhang für das romantischste Theater der Sonne. Dramatisch schön können die Sonnenauf- und -untergänge über dem ruhigen Wasser sein. Bis die Sterne glitzernd über dem Horizont auftauchen und ungestört vom Licht der Zivilisation hier im Sternenpark Westhavelland die Träume an den dunklen Himmel malen. Der Hohennauener-Ferchesarer See ist ein schmales, 9 Kilometer langes Band. Genau genommen heißt seine Mitte der Semliner See, denn fast jedes Dorf am Ufer braucht seine Namensnennung. Nur das kleinste Dorf hat das nicht nötig, denn es heißt lustig Wassersuppe. Für seine havelländische Berühmtheit sorgen schon die Ortsschildfotografen. Die anderen Orte machen sich ein wenig Konkurrenz und sind alle schön und liebevoll gepflegt. Einst galt Ferchesar als die „Perle des Havellandes“, längst haben die Nachbarsiedlungen aufgeholt. Es gibt Cafés, Restaurants und Fisch-Art-Street-Food. Welches Glück, in dieser Zeit zu leben. In Semlin gibt es ein Denkmal für Anna Ropien, die letzte Frau, die in dieser Gegend 1672 als Hexe verbrannt wurde. Das ist der Blick zurück. Ahoi, voraus! Mit 15 PS und ohne Bootsführerschein ist vieles möglich. Alle Routen sind offen, alle Zeit der Welt ist da! Hausboote gibt's an zahlreichen Stellen im Havelland zu mieten. Für sportlichere Geister gibt es die Alternativen, mit dem Segelboot, dem Kanu oder dem SUP in den Sonnenuntergang zu gleiten – ist auch sehr schön!

TIPP

Der Seerundweg macht Wanderer auf der Langstrecke glücklich – 24 Kilometer in 5 Stunden plus Pausen.

● Hohennauen-Ferchesarer See

● ÖPNV: Bus 683, Haltestelle Ferchesar; Bus 684, Haltestelle Hohennauen

Zwei Männer im Blick

28

Auf dem Altstädtischen Markt in Brandenburg

Es ist ein Dilemma, sich zwischen zwei Männern entscheiden zu müssen! Der eine ist riesig, alt und beeindruckend. Steinern steht er in seiner vollen Rüstung vor dem Alten Rathaus der Stadt. Der andere hat eine große Knollennase, ist aus Holz und sitzt etwas angestrengt auf einer Bank. Neben ihm ist noch Platz, um sich dazuzusetzen. Der Große heißt Roland und ist seit dem Rolandslied das Symbol städtisch-rechtlicher Selbstständigkeit. Er stammt aus dem Jahr 1474 und steht im Exil auf dem weitläufigen Altstädtischen Markt. Bis zum Zweiten Weltkrieg war seine Heimat in der Brandenburger Neustadt. Rechtzeitig vor der Bombardierung wurde er gesichert. Sein Körper wurde zerteilt, die Segmente in den Rieselfeldern gelagert und nach dem Krieg wieder zusammengebaut. Er ist aus Sandstein, 5,34 Meter groß und wiegt 8,5 Tonnen. 89 Steinstücke an ihm sind neu eingearbeitete Teilprothesen, mit Schellack eingebrannt und dunkel geätzt. In der rechten Hand hält er ein Schwert, das senkrecht in den Himmel ragt. In der Linken hält er seinen Dolch dezent vor dem Gemächt. Auf dem Kopf wächst ihm ein grünes Kraut, das Hauswurz oder Donnerkraut genannt wird und vor Gewitter schützen soll. Der andere Mann ist menschlich, fast ein wenig brummig und nicht hier, um zu imponieren. Er ist das hölzerne Knollennasenmännchen, sein zeichnender Schöpfer war Loriot. Mit großer Nase, Segelohren und leicht zusammengekniffenen Lippen sitzt er breitbeinig da und wartet. Die beiden sind recht unterschiedlich, ein Gespräch zwischen ihnen, eine kleine Plauderstunde, ist unmöglich. Hinter dem stolzen Roland steht das Altstädtische Rathaus. Der spätgotische Bau aus dem 15. Jahrhundert wurde vor über 100 Jahren wiederaufgebaut und ist eine imposante und prächtige Backsteinkulisse für den starken Helden. Die zwei Schweigsamen bleiben auf dem großen Platz, der eine stehend, der andere sitzend. Gleich nebenan, in einem alten Fachwerkhaus, bietet sich für die Hungrigen und Gesprächigeren das Inspektorenhaus zur hervorragenden Einkehr an.

TIPP

Pfannkuchen beim Bäcker Rettig in der Bäckerstraße 12 genießen.

- Altstädtischer Markt, 14770 Brandenburg
- ÖPNV: Bus H/528, Haltestelle Parduin, Brandenburg

Seeträume im Kunstort

29 Das Lehniner Institut für Kunst und Kultur

Der Weg zum Glück ist in Lehnin ganz einfach. Vom Kloster aus geht es rechtsherum, ein Stück am See entlang und an den letzten blütengesättigten Vorgärten vorbei. Das Ziel ist das Ufercafé am Klostersee, das zum Institut für Kunst und Kultur e.V. gehört. Ein paar Meter sind noch zu gehen. Dann steht dort unvermutet eine alte Lagerhalle mit einer Metallskulptur davor. Oder ist es ein altes Maschinenteil? Ein stylisches Schild weist zum Eingang, das Tor ist weit geöffnet. Neben der Lagerhalle gibt es einige renovierte Gebäude und zwischen den Bauten und auf den weiten Flächen drum herum sind Skulpturen unterschiedlichster Stilrichtungen zu entdecken. An einer Backsteinwand hängt in roten Buchstaben das Wort ARTORT. Dieser ganz besondere Kunstort ist ein wahrhaft fantastischer Platz. Unten liegt der Klostersee. In einem Miniamphitheater sitzt man von der Sonne beschienen und schaut auf das stille Wasser. Einfach am See sitzen, abends Feuer in der Feuerschale entzünden, mit dem Ruderboot über den See gleiten, das allein wäre schon schön. Doch hier gibt es einen Skulpturenpark, eine Galerie, die Angebote der Jungen Kunstschule, die Kunsthalle und die Werkstätten. Es werden Kurse angeboten und ein Artist-in-Residence-Programm. Das Lehniner Institut für Kunst und Kultur e. V. ist nicht nur ein ARTORT, sondern auch ein Traumort. Die großen Buchstaben des SEEWEGs führen zum Ufercafé, einem Glaskubus mit einer Terrasse fast über dem See. Siegmund Rahl hat die lichtdurchflutete Architektur aus Glas und Holz entworfen und umgesetzt. Es gibt Getränke, Kuchen, kleine Speisen und leckere rosa Erdbeerbowle, die farblich so schön zum blauen Himmel passt.

Das Lehniner Institut für Kunst und Kultur wurde 1991 vom Maler und Bildhauer Eckhart Haisch gegründet und bietet ein interdisziplinäres Angebot für bildende Kunst, Literatur und Musik, Theater und Tanz, für internationale Ausstellungen, Symposien und Workshops. Es ist ein Ort des Unfertigen, des Sich-Veränderns, des Werdens. Ein magischer SEEWEG-Ort – an dem auch einfache Gästezimmer vermietet werden.

● Lehniner Institut für Kunst und Kultur e. V. mit Ufercafé, Zum Strandbad 39, 14797 Kloster Lehnin, Tel. (01 76) 55 74 30 70, www.lehniner-institut-fuer-kunst.de

● ÖPNV: Bus 550, 554, 580, Haltestelle Lehnin Fischersberg, Kloster Lehnin, von dort etwa 600 Meter zu Fuß

Biergarten am Jungfernsee

30

Die Meierei im Neuen Garten

Ein attraktiver Ausblick auf die Havel und ein frisches Bier! Kulinarik und Kultur sind eine gute Kombination. Im Neuen Garten in Potsdam gibt es beides. Nach einem langen Spaziergang durch den baumbestandenen Park und der gar nicht so leicht verdaulichen Geschichte, die hier stattfand, nach dem Besuch der Schlösser Marmorpalais und Schloss Cecilienhof ist der malerische Ort der Meierei der perfekte Platz für eine Pause. In der harmonischen Umgebung gibt es zur Einkehr keinen besseren Ort. Direkt am Wasser liegt ein kleiner Biergarten und wenn es regnet, wartet das Lokal. Die Meierei wurde als normannische Backsteinburg am Ufer des Jungfernsees errichtet. Ab 1791 planten und bauten die beiden königlichen Chefarchitekten Carl Gotthard Langhans und Ludwig Persius das Gebäude. Wie eine Spielzeugburg aus einem Ritterroman mit angeklebten Zinnen sieht sie aus. Ursprünglich diente diese burgengleiche Meierei der Milchverarbeitung, daher kommt auch ihr Name. Die Kühe weideten nicht weit entfernt im königlichen Park und boten ein romantisch ländliches Ambiente. Die Milch galt als ein Superfood und machte müde Monarchen munter. Friedrich Wilhelm II. trank jeden Morgen seine Milch aus grünen Waldglasgläsern, sie wurden extra für ihn produziert. Schon um 1800 gab es auch für die Parkbesucher ein Glas Milch und, welch eine Seltenheit um diese frühe Zeit, auch eine Tasse Kaffee. Später wurden die Kühe ausgelagert und im Stall ein Dampfpumpwerk gebaut. Das war das Ende der Molkerei an diesem Ort. Seit über 100 Jahren ist die Meierei eine öffentliche Gaststätte und eine Brauerei. Bier statt Milch aus grünem Glas. Die Brauerei stellt Meierei Hell und Rotbier her und Berliner Weiße gibt es selbstverständlich auch. Endvergoren oder als Flaschengärung. Fahrradparkplätze stehen bereit und zum Anleger des Wassertaxis am Jungfernsee sind es nur wenige Schritte. Eine lockere Atmosphäre direkt am See mitten in der historischen Kulisse. Dazu gibt's Pommes und Wurst und im Winter Eisbein.

- Gasthausbrauerei Meierei im Neuen Garten, Im Neuen Garten 10, 14469 Potsdam
- ÖPNV: Bus 603, Haltestelle Höhenstraße, Potsdam, Wassertaxi, Station 3 Meierei

Schreiben, lesen, speisen

31 Die Alte Schule in Ribbeck

Zuerst in die Klasse und lernen oder doch erst bei der Schulspeisung stärken? In der Alten Schule in Ribbeck gibt es gleich beides in zwei Zimmern. Auf der einen Seite wartet das Schulmuseum und auf der anderen das gemütliche Café. Im Klassenraum riecht es ein wenig staubig – nach alten Folianten, nach Leder, nach Tafelkreide und nach vielen Jahren des Büffelns. Die Alte Schule in Ribbeck wurde 1841, als von berühmten Birnen noch keine Rede war, im Auftrag des Herrn von Ribbeck für die Kinder seiner Landarbeiter gebaut. An den historischen Schulbänken ist der Lack abgeplatzt und unzählige eingeritzte Buchstaben erzählen ihre Geschichten. Die ältesten haben schon mehr als 150 Jahre auf dem Buckel. Schiefertafeln und Kreide liegen bereit, Tintenfässer stehen in kleinen Vertiefungen und die Schulranzen hängen ordentlich aufgereiht an den Wandhaken. Es ist, als seien die Schüler nur kurz zur Pause hinaus auf den Dorfanger gerannt.

Noch bis 1968 lernten die Ribbecker Kinder in ihrer alten Dorfschule. An den Wänden hängen alte Fotos der Schulkinder. Manche sind frech, andere lustlos oder angestrengt. In den Regalen liegt ein großer Fundus historischer Schulbücher, die den Wandel von Lehrinhalten und -methoden zeigen. Seit 1717 gab es in Preußen, und damit auch im Havelland, eine Unterrichtspflicht für alle Kinder zwischen fünf und zwölf Jahren. Doch die Wirklichkeit sah ganz anders aus, sodass die meisten Kinder gar nicht davon profitierten. Es gab zu wenig Schulen und viel zu viel Arbeit – auch für die Kinder. Der Herr von Ribbeck änderte das auf seinem Gut. Im ehemaligen Wohnzimmer des Lehrers wird die Schulspeisung angeboten. Genießen statt pauken! Es gibt Buchstabensuppe und Dorflehrerstulle und natürlich Birnenkuchen im Angebot. Auf der Speisekarte in einem Schulheft sind die Rechtschreibfehler mit roter Tinte korrigiert und auf dem Löschblatt steht das Angebot kalter Getränke. „Ich bin nicht für halbe Portionen" hat Theodor Fontane entschieden und war damit sehr zufrieden.

- Alte Schule Ribbeck, Am Birnbaum 3, 14641 Nauen OT Ribbeck, Tel. (03 32 37) 8 54 58, alteschule-ribbeck.de
- ÖPNV: Bus 661, 680, Haltestelle Ribbeck, Nauen

Du hast gewiss noch Zeit!

32 Der Sandmann aus Caputh

Der Glücksmann hängt an einer Hauswand und streut jedem die schönsten Schlafsandträume in die Augen. Doch halt: „Sandmann, lieber Sandmann, es ist noch nicht so weit!“ Am Haus der Caputher Weberstraße 12 ist der Sandmann mit seiner roten Zipfelmütze, dem roten Umhang und dem weißen Bart befestigt. In der Hand hält er seinen Beutel voller Sand. Er ist ein 80 Zentimeter hohes Relief aus Ton und erinnert hier an seinen Schöpfer. Der Sandmannerfinder Gerhard Behrendt wurde 1929 in diesem Haus geboren und hat bis 1955 dort gelebt. Er war Puppengestalter, Regisseur und erschuf 1959 das Sandmännchen in nur 14 Tagen. Seit einigen Jahren erinnern die Caputher mit einer Gedenktafel an den genialen Erfinder der berühmten Figur. „Sandmann, lieber Sandmann, hab nur nicht solche Eil.“ Es bleibt noch Zeit für eine Runde durch Caputh, es gibt viel zu entdecken. Das Heimathaus ist ein Museum des Lebens in vergangener Zeit. Möbel, Wäsche, Kleidung und alte Fotos erzählen vom Alltag der Obstbauern und Fischer um das Jahr 1900. In der einstigen Sommerküche wird über die Geschichte vom Sandmann und seinem Zeichner berichtet.
Zwischen Bäumen leuchtet gelb das Caputher Schloss. Der Große Kurfürst machte es seiner zweiten Frau, der Kurfürstin Dorothea, zum Geschenk. Dorothea ließ es zu einem Sommerschlösschen umbauen, ganz à la mode in der barocken Zeit. Schräg gegenüber steht die Dorfkirche aus der Mitte des 19. Jahrhunderts. Über dem Altar wölbt sich ein blauer Sternenhimmel zum Schauen und Träumen. Am Ufer des Caputher Gemündes, zwischen Caputh und Geltow, hängt Tussy II. Mit ihr lässt sich so schön der Sonnenuntergang betrachten, doch sie ist nur ein Boot. Seit 1853 verbindet eine Seilfähre die beiden Ufer. Am Wasser brummt der Bär und das Restaurant Fährhaus bietet schöne Plätze mit Seeblick.
„Kinder, liebe Kinder, es hat mir Spaß gemacht, nun schnell ins Bett und schlaft recht schön.“ So streut der Sandmann Schlafsand in die Augen. Sand aus der Mark Brandenburg zum süßen Träumen!

- Relief am Haus, Weberstraße 12, 14548 Schwielowsee OT Caputh
  Heimathaus Caputh, Krughof 28, 14548 Schwielowsee OT Caputh
- ÖPNV: RB 23, Haltestelle Caputh-Schwielowsee Bahnhof, Bus 607, Haltestelle Feldstraße, Caputh, dann je 15 Minuten zu Fuß

Hie
GE
der Schöpf

Italien an der Havel

33

Die Heilandskirche in Sacrow

Welch ein Bauplatz für eine außergewöhnliche Kirche! Der Blick schweift über die weite Havel. Dicht über dem braunroten Schilfrohr des Ufers steht ein steinernes Kirchenschiff und sieht aus, als sei es Italien. Die Heilandskirche in Sacrow ist ein besonderer Ort. Nicht nur, weil die Position so spektakulär ist. Sondern auch, weil ihre Geschichte dramatisch war. Lange sah es nicht gut für die Heilandskirche aus. Dann kam die Wende.

1961. Mauerbau. Hier wurde die Mauer mitten durch den Park von Sacrow gezogen. Die Kirche stand unzugänglich, umzingelt vom Beton, vollständig abgeriegelt. Die Inneneinrichtung wurde zerstört und Soldaten ritzten ihre Namen in die Ziegelwände. Im nahen Schloss Sacrow wurde die Ausbildungsstelle für Spürhunde der DDR-Zollbehörde eingerichtet, der Park zwischen Kirche und dem nahen Schloss war ruiniert. 1989 findet zum Weihnachtsfest nach Jahrzehnten der erste Gottesdienst statt. Die Mauer fällt und die Kirche wird restauriert. Jetzt ist sie wieder der Glücksort am Ufer der Havel!

TIPP

Schloss Sacrow besichtigen.

Der grandiose neobyzantinische Bau aus Glindower Ziegeln wurde von Friedrich Wilhelm IV. skizziert und vom Architekten Ludwig Persius ausgeführt. Allein die Pfahlgründung im Gewässer verschlang ein Drittel der Baukosten, die Gesamtsumme betrug 45.243 Taler und ein paar Groschen. Am 21. Juli 1844 wurde die „Kirche des heilbringenden Erlösers im heiligen Hafen" am Port von Sacrow geweiht. Die einschiffige Kirche liegt fest vor Anker und ist von einem Arkadengang geschützt. Das ist der schönste Platz! Nahe der Apsis mit dem Blick zwischen den Säulen aufs Wasser. Am Glockenturm gibt es ein kleines Extra. Eine Tafel hängt über dem Turmeingang, darauf ist die Figur des Atlas mit einer Blitze sprühenden Kugel zu sehen. Hier bauten Georg Graf von Arco und sein Lehrer Adolf Slaby die erste Antennenanlage für das drahtlose Funken! 1897 rückt Sacrow aus dem Funkloch! Das ist fast revolutionär.

Die Heilandskirche ist ein schöner Ort. Für Hochzeitspaare, für Filmteams und einfach für alle Besucher.

- Heilandskirche, Fährstraße 1, 14469 Potsdam
- ÖPNV: Bus 697, Haltestelle Schloss Sacrow, Wassertaxi Haltestelle Heilandskirche Sacrow

Lieblingsort der UFA-Stars

34

Das Restaurant Schloss Gut Golm

Wenn die Sonne rot im See versinkt, dann ist der Ort perfekt. Tische und Stühle sind auf die Wiese gestellt, die Servicedame serviert leckeres Essen. Alles ist wunderbar entspannt und unprätentiös gediegen. Gut Schloss Golm am Großen Zernsee ist die Adresse. An lauen Sommerabenden geht die Sonne gegenüber in der Havel unter und der Mond beginnt seinen Lauf in der Dämmerung. Sollte es nicht warm genug für die Plätze auf der Wiese am Ufer sein, wird im Schlossinnenraum gespeist. Das ist auch tagsüber schön. Niuta von dem Bottlenberg hat das Schloss Golm während des Ersten Weltkrieges am Großen Zernsee, einer Havelbucht, erbauen lassen. 1929 entscheidet sich die Freifrau für den Umbau. Aus dem großen Haus wird ein nun „Schloss" genanntes Kurhaus mit Restaurantbetrieb. Die UFA-Stars aus dem nahen Babelsberg lernen das Haus, die Lage und die schmackhaften Speisen damals schnell schätzen. Marlene Dietrich, Marika Rökk und Willy Fritsch erholen sich am Großen Zernsee von ihren Filmarbeiten. Doch 1938 verkaufte Niuta von dem Bottlenberg ihr Schloss. Jahrzehnte später, nach der politischen Wende, entdeckte ihre Enkelin Cora einen alten Koffer der Großmutter Niuta. Cora von dem Bottlenberg arbeitet im Musikbusiness und war mit ihrer Band „Cora" erfolgreich. Ihren ersten Auftritt hatte sie schon als achtjähriges Mädchen im Fernsehfilm „Peterchens Mondfahrt". Sie öffnete den Koffer und fand die alten Fotos von Schloss Golm, von Männern in Flugzeugen aus den nahen Märkischen Flugzeugwerken und von Marlene Dietrich mit einer Freundin. Cora von Bottlenberg entschied sich mit ihrer Frau Swetlana, das Haus zurückzukaufen und als Restaurant und Minihotel zu betreiben. Das ist ein großes Glück für Genießer. Es gibt saisonale und regionale Speisen und die untergehende Sonne schimmert im Weinglas.

Der Potsdamer Stadtteil Golm kann außer Romantik auch Wissenschaft. Der Potsdam Science Park mit den Fraunhofer Instituten, der Max-Planck-Gesellschaft und der Uni Potsdam sorgen für die größte Akademikerdichte in Deutschland.

TIPP

Eine Reservierung im Restaurant empfiehlt sich.

- Schloss Gut Golm, Am Zernsee 1, 14476 Potsdam OT Golm, Tel. (03 31) 50 05 21
- ÖPNV: Bus 606, Haltestelle Alt-Golm, von dort 15 Minuten zu Fuß

Geheimnis des Einhorns

35 Die St.-Gotthardt-Kirche in Brandenburg

In der Brandenburger St.-Gotthardt-Kirche ist die Ratsempore der beste Platz. Von hier aus kann man seelenruhig den großen Innenraum betrachten: 17 Meter hohe Backsteingotik. Auf der Brüstung der Empore ist liebevoll ein Fernglas festgekettet und zusätzlich sind kleine Fernrohre ans Holz montiert. Jeder darf sie nutzen an diesem fast verborgenen Platz. Mit scharf gestelltem Glas lässt sich die Kirche inspizieren. Im Chor steht der Altar. Auch von hier oben lassen sich die von Wilhelm Gulden bemalten Altartafeln entdecken. Sie sind die erste protestantische Auftragsarbeit in Brandenburg, bis dahin war das Havelland katholisch. Die Kanzel wurde 1623 von der Tuchmachergilde spendiert und gilt als die schönste im Land.

Plötzlich ist da ein Einhorn! Als sei es aus einem Spielzeugladen entflohen. Beim Nachjustieren des Fernglases tauchen immer mehr kleine weiße Einhörner, die in versteckten Ecken einen Unterschlupf gefunden haben, unvermutet auf. Der Blick durch das Emporenfernglas schweift über die Epitaphien und Glasfenster und findet Ruhe im Triumphkreuz in der Kirchenmitte. Doch es bleibt die Frage, was es mit den sagenhaften Einhörnern auf sich hat. Ein Teil des Interieurs ist von oben nicht zu sehen. Deshalb lohnt es sich, von der Empore aus durch die Kirche zu gehen. In einer Seitenkapelle steht das Taufbecken aus dem 13. Jahrhundert. Hier wurde am 30. Dezember 1923 Vicco von Bülow alias Loriot getauft. Neben dem Taufbecken hängt der über 500 Jahre alte fein gewirkte fantastische Einhornteppich, in dessen Mitte Maria mit dem Einhorn sitzt. Das ist sozusagen das Muttereinhorn aller spielerisch verteilten Einhörner im Kirchenraum. Die Kirche St. Gotthardt ist eines der ersten christlichen Gebäude im Havelland. 1140 ließ Pribislaw sich taufen, er war der letzte slawische Hevellerfürst. Wenig später beauftragte er den Bau eines Gotteshauses. Die erhaltenen Granitsteine und das romanische Portal in der Westfront von St. Gotthardt sind die Überreste dieser ältesten Kirche im Havelland.

- Evangelische Kirche St. Gotthardt, Gotthardtkirchplatz 8, 14770 Brandenburg an der Havel, gotthardtkirche.de
- ÖPNV: Tram 6, Haltestelle Ritterstraße/Museum, Brandenburg an der Havel

Wo Sterne lachen

36 Der Sternenpark Westhavelland

Jeder Stern birgt einen Traum! Jeder Stern am Firmament bringt ein Stück vom Glück. Willkommen im Sternenpark. Die Schönheiten des Glitzerns sehen, in weit entfernte Galaxien schauen, auf Traumreise gehen, sich besser als im siebten Himmel fühlen. Das alles ist möglich: im Westhavelland, in Deutschlands erstem Sternenpark. Hier ist der Nachthimmel nicht vom Licht der Zivilisation verblendet, hier achten Bürger und Gemeinden auf große Dunkelheit. Das tut der Natur und der Seele gut. Im Februar 2014 ernannte die International Dark-Sky Association den 1380 Quadratmeter großen Naturpark Westhavelland zum Dunkelgebiet. Zehn Beobachtungspunkte sind ausgewiesen. Das sind Punkte, an denen es noch dunkler ist und es Stellflächen für Teleskope gibt. Nr. 4 liegt nördlich des Gülper Sees. Der Beobachtungspunkt ist am Ende der Straße, die von Kietz kommt und am Schöpfwerk endet. Nicht weit vom nördlichen Seeufer. Dieser Punkt ist besonders schön, um in den leuchtenden Nachthimmel zu schauen. Doch auch die neun anderen ausgewiesenen Beobachtungsplätze bieten sich zum Sternebewundern an, zwei davon liegen anreisefreundlich in Bahnhofsnähe, in Nennhausen und in Friesack. Zwei weitere liegen bei Kleßen und bei Gülpe am Rande von Campingplätzen. Überall im Sternenpark wird die Lichtverschmutzung reduziert. Das sieht man jeder Straßenlaterne an, denn das Licht reflektiert nur nach unten. Die wenigen Dörfer machen sich fast unsichtbar. Nachts sind nicht nur die Sterne schön. Plötzlich raschelt es im Gras, die tierischen Geräusche sind im Dunkeln überdeutlich. Die nachtaktiven Tiere huschen schnell vorbei. Frösche quaken, die Grillen zirpen und eine Fledermaus fängt hastig Mücken. Mit etwas Glück hört man sogar die Nachtigall. Die beste Zeit zum Sternegucken? Natürlich nicht im Hochsommer, wenn es fast nicht dunkel wird. Und nicht bei Vollmond. Sonst in jeder sternklaren Nacht. Trotz der geliebten Dunkelheit empfiehlt sich eine Taschenlampe, auf den Wegen zu bleiben und damit die Umwelt zu schonen. Zurück zur Nacht!

- Sternenpark Westhavelland, Pareyer Dorfstraße, 14715 Havelaue, Tel. (03 38 72) 74 30, www.sternenpark-westhavelland.de
- ÖPNV: (zu den jeweiligen Beobachtungspunkten) RE2, Haltestelle Bahnhof Friesack, RE4, Haltestelle Nennhausen, von dort mit dem Fahrrad; Bus 684, Haltestelle Rhinow, von dort 45 Minuten zu Fuß

Fontane und das Haus am See

37

Das Dichterdenkmal im Schlosspark in Plaue

Er sitzt am Tisch, hält ein Glas Wein in seiner Hand und schaut aufs Wasser. Neben ihm ist, welch Glücksfall, noch ein Platz. „Die Havel ist ein aparter Fluss" notiert er in seinem Text. Es ist der Dichter Theodor Fontane, der große Chronist des Havellandes, der so entspannt dem Fluss nachschaut. Als Teil einer modernen Skulptur betrachtet er die malerische Alte Plauer Brücke mit ihrer Stahlfachwerkkonstruktion und dem hübschen Jugendstilgeländer. Plaue ist ein perfekter kleiner Pausenort! Denn neben Fontanes Platz am Wasser steht ein Schloss! Das ist der Ort, an dem Friedrich II. von seinem Vater zum Ritter geschlagen wurde und an dem der russische Zar Peter der Große übernachtete. Das Schloss in Plaue hat eine große Vergangenheit und eine bröckelnd charmante Gegenwart. Es ist eine Mischung zwischen Lost Place und Dornröschenschloss. Die Lage ist ideal. Auf der Havelterrasse kann man speisen und im Nebenhaus oder auf dem Hausboot – nicht ganz wie der Zar – auch übernachten. Der Schlossbau ist der wichtigste im westlichen Brandenburg. Nach mehreren Vorgängerbauten übernahm Friedrich von Görne das Areal und ließ das jetzige Palais um 1715 bauen. Görne war Etatminister, zuständig für die Finanzen Preußens, und verstand sich auch auf die eigenen recht gut. Aus den Mitteln der reich gefüllten Schatulle beauftragte er den Bau eines stolzen dreiflügeligen Barockschlosses. Nach dem Zweiten Weltkrieg, der Enteignung der Besitzer und der Plünderung der kostbaren Innenausstattung wurde der Bau im DDR-typischen Graurauputz verkleidet und wartet seitdem auf den Prinzenkuss. Fontane kam übrigens nicht wegen Schloss und Herrschaft nach Plaue, sondern um Carl Ferdinand Wiesike zu besuchen. Mit ihm pflegte er die besten Gespräche und den besten Tropfen zu teilen. Sie widmeten sich den drei wirklich wichtigen Dingen im Leben: „der Schöpfung eines Parks, der Homöopathie Hahnemanns und der Philosophie Schopenhauers". Der verwunschene Park ist ein schönes Ambiente, um den Fragen des Lebens nachzusinnen.

- Schloss und Schlosspark Plaue, Schloßstraße, 14774 Brandenburg an der Havel OT Plaue
- ÖPNV: Bus E525, Haltestelle Plaue Görneweg

Markt und Kulisse

38 Katharinenkirchplatz in Brandenburg

Für Fans mittelalterlicher Architektur und regionaler Leckereien ist der Katharinenkirchplatz ein fantastischer Ort. Fast jeden Tag herrscht Marktatmosphäre und die gotische Katharinenkirche bildet eine spektakuläre Kulisse. Auf dem altmodisch gepflasterten Platz stehen Bänke unter Lindenbäumen, ideal für ein Marktpicknick! Der Markt ist klein, regional und „so schön ohne Latte". Es gibt Backwaren aus Dinkel, Brotaufstriche, Öle und frischen Fisch aus Plaue. Honig und Bienenwachskerzen werden ebenso angeboten wie frische Blumen und Setzlinge für den Garten. Die Havelländische Hofkäserei verkauft natürlich Käse und Familie Huth Obst und Gemüse. Manchmal gibt es Wild und im Frühjahr jede Menge Spargel. Über den Markt bummeln und genießen! Von der Bank unter den Linden lässt sich das kunstvolle Maßwerk der Katharinenkirche in Ruhe betrachten: ein stolzes gotisches Gebäude aus Backsteinen mit filigraner Fassadengestaltung. Durch die Luftfenster aus Ziegeln scheint der Himmel. Die Rosetten in verschiedenen Größen sind die auffälligste Zier. Der Baumeister der Katharinenkirche war Hinrich Brunsberg. Er kam, so wird vermutet, aus dem Baltikum und starb in Stettin. Die 1401 geweihte Kirche war eine geplante neustädtische Prahlerei gegenüber den anderen Gotteshäusern, die es damals hier schon gab. Die Neustadt war der erfolgreiche Newcomer in Handel und Wandel. Bis 1494 war der Bau fertig, allerdings gab es in den folgenden Jahrhunderten Schäden, Reparaturen und Veränderungen. Doch die Schönheit der Fassade strahlt noch immer über den Katharinenplatz. In einer Nische der Fassade steht die Terrakotta-Figur der heiligen Katharina und schaut hinunter. Sie und Amalberga, die beiden Kirchenpatroninnen, sind die einzigen Frauen, die außen stehen. Und sie sind die einzigen, die zwar in Kopie, aber doch aus dem Mittelalter stammen. All ihre männlichen Kollegen an der Kirchenwand haben es über Jahrhunderte nicht ausgehalten und mussten neogotisch neu gestaltet werden.

TIPP

Die Katharinenkirche besichtigen, sie ist von innen auch sehr schön.

- Katharinenkirchplatz, 14776 Brandenburg an der Havel
- ÖPNV: Tram 6, Haltestelle Neustädtischer Markt

Garten der Kontemplation

39 Der Klostergarten am Dom in Havelberg

Die Glücksbank steht im Garten. Im Rücken thront der Dom mit seinen jahrhundertealten Mauern, im Blick voraus liegt die ganze Stadt und weit hinaus das Land. Allein der Ausblick ist Pflicht für eine Pause! Der alte Klostergarten ist weit mehr. Er ist ein Ort, um sich Zeit zu nehmen. Zeit zum Riechen, zum Schmecken und zum Schauen. Zeit für die „Spiritualität am Dom". In der Ferne glänzt das blaugraue Band der Havel in den weiten Wiesen und die nahe Elbe versteckt sich hinter hohen Bäumen. Der Duft von Salbei, Thymian und anderen wohlriechenden Heilkräutern breitet sich aus. Die Schmetterlinge fliegen auf die Lilien, die Rosen und die Akelei. Minzen locken in verschiedenen Grüntönen und der Lavendel bringt seine blaulila Farbe mit. Auch manche Pflanzen aus der Bibel haben hier ihre Wurzeln geschlagen. Wein, Feige und Oliven fühlen sich auf dieser Sonnenseite des Havelberger Doms recht wohl. Die Ringelblume und die Eberraute sind wie so viele andere die Zeugen der alten und kenntnisreichen Klostermedizin. Die hier gepflanzten Kräuter waren dank ihrer heilenden Wirkung einst die Schätze der klösterlichen Apotheken. Schlüsselblumen und Pfingstrosen öffnen ihre Blüten und laden gemeinsamen mit der ganzen Flora und Fauna in dieser stillen Atmosphäre zur Einkehr ein. Das umweltgerechte Motto lautet Natur im Garten. Er wird biologisch bewirtschaftet und ist auch deshalb ein Refugium für Bienen, Schmetterlinge, Vögel und kleine Tiere. Es surrt und summt von Strauch zu Strauch und jedes Kräuterherz schlägt höher. Der Garten und der Ausblick sind ein wunderbares Doppel! Die Ruhe und die Gelassenheit liegen hier in der Luft. Das Herzgespann wächst im Verborgenen, die Rosa Gallica sucht offenherzig ihre Liebhaber. Die Havelberger Bank ist ein entspannter Platz. Wer das Plateau dieser Aussichtsterrasse verlassen möchte, ist in wenigen Minuten in der Havelberger Innenstadt. Vom Garten aus führen die Stufen der langen Domtreppe bis zum Stadtkanal und von dort über die Brücke auf die Stadtinsel Havelberg.

- Klostergarten am Dom, Propsteiplatz 1, 39539 Havelberg
- ÖPNV: Bus 900, Haltestelle Wasserturm

Learning by Doing

40 Alte Schule in Reckahn

Bildung für alle! Welch Glück. In Reckahn, im einzigen Schulmuseum Brandenburgs, darf man die Schulbank drücken und sich wie im 18. Jahrhundert fühlen. Im alten Schulhaus an der Dorfstraße liegen unter großen Fenstern die Schiefertafeln, die Griffel und der Schwamm für Schriftübungen bereit. Geplant und finanziert hat diese Schule der Gutsherr Friedrich Eberhard von Rochow mit seiner Frau Christiane Louise. Damals war die Schule eine Revolution! Was heute ganz alltäglich ist, war dazumal brandneu. Eine Schule für Mädchen und für Jungen, eine Schule offen für Kinder aller Stände. Am 2. Januar 1773 liefen die ersten Kinder in den neuen Klassenraum. An der Fassade der Schule steht das biblische Motto „Lasset die Kindlein zu mir kommen und wehret ihnen nicht". Die modernen Lehrmethoden in Rochows Schule waren phänomenal. Keine Prügel, keine Strafe, keine Zucht. Viele der Beobachter, die im 18. Jahrhundert neugierig nach Reckahn kamen, waren überrascht. Der Gutsherr übernahm hin und wieder sogar selbst den Unterricht. Es gab kein „Memorienkram, keine Herbeterei und keinen Mechanismus", sondern Gespräche und gemeinsame Übungen. Kein Frontalunterricht, sondern die U-Form. Die Kinder waren begeistert! Das Schulgebäude, das sind zwei Räume links, zwei Räume rechts und ein zweites Stockwerk darüber, ausgestattet mit den Unterrichtsmaterialien vergangener Zeiten. Doch keine gute Schule ohne einen guten Lehrer. Der erste Lehrer hieß Heinrich Julius Bruns. Er war ein hochbegabter Pionier und wollte erstklassige Pädagogik für alle, nicht nur für ausgewählte Kinder. Im Park steht eine Urnenvase zum Gedenken an den fortschrittlichen Pädagogen. Darauf ist ein einfacher Satz in Stein gemeißelt: „Er war ein Lehrer." Ein Denkmal für den Volksschullehrer und keines für den Schlossherrn. Einzigartig! Auch wenn die Gutsbesitzer zu Reckahn ihrer Zeit voraus waren, Schule ist nur so gut, wie ihre Lehrer sind.

- Schloss Reckahn, Reckahner Dorfstraße 23, 14797 Kloster Lehnin, Tel. (03 38 35) 608870, reckahner-museen.byseum.de
- ÖPNV: Bus 551, Haltestelle Reckahn Dorf, Kloster Lehnin

Inselglück

41 Die Stadtinsel Werder

Werder ist Insel und Insel ist Glück. Am Wasser sitzen, den Booten zuschauen, die Beine vom Steg baumeln und die Zeit vorüberziehen lassen. Die Stadtinsel Werder ist ein von der Havel umarmter idyllischer Ort. Eigentlich ist die Insel ein kleiner Hügel. Oben auf der Anhöhe steht die neogotische Heilig-Geist-Kirche mit ihrem weithin sichtbaren Turm. Sie wurde vom renommierten Architekten Friedrich August Stüler geplant und 1858 eingeweiht. Aus der Ferne und über die Havel hinweg übernimmt sie die Funktion eines Leuchtturms und signalisiert allen Reisenden: Hier ist das glückliche Werder! Im Inneren des Chorraums schwebt ein blauer Himmel mit unzähligen funkelnden Sternen. Fast nebenan steht die alte Bockwindmühle und lässt ihre Flügel von der leichten Brise drehen. Das Alte Rathaus, nur ein paar Schritte weiter, entstand 1879 aus einer Fachwerkschule und prangt jetzt in Neorenaissance. Hinunter vom Berg! Hinunter ans Ufer! Unten in den alten malerischen Gassen des Ortes und am Wasser ist es in Werder besonders schön. Ein Rundweg führt – fast – um die ganze Insel. Es ist der Werder-Entspannungstraum. Vom Festland aus linker Hand liegt die Vision einer Gartenkolonie. Sei es das Klima oder die eifrigen Hände, hier blüht stets alles viel früher und üppiger als in der Umgebung. Wiesen und Bänke laden zum Verweilen. Vorne das Wasser! Der Inselweg folgt einfach dem Ufer. Unterwegs gibt es im Restaurant Alte Überfahrt, das auch im Guide Michelin erwähnt wird, kulinarischen Gaumenkitzel. Bodenständiger ist das Arielle. Hier werden auch Fischbrötchen auf die Hand angeboten. Besonders bekannt ist die Stadt durch das jährlich Anfang Mai stattfindende Baumblütenfest, dabei ist sie zu allen anderen Zeiten genauso schön und deutlich ruhiger. Cafés, Restaurants und idyllische Ecken mit schick renovierten Häusern machen Werder zum Ausflugsort. Kurz vor dem Damm auf das Festland zurück verkauft der Regionalladen Säfte, Obstweine, Ketchup und andere Spezialitäten aus der berühmten Obstbauregion.

- 14542 Werder (Havel), Insel
- ÖPNV: RE 1, Haltestelle Bahnhof Werder (Havel), von dort 20 Minuten zu Fuß; Bus E 30, Haltestelle Markt, Werder (Havel)

Gestochen und geerntet

42 Vielfruchthof Domstiftsgut Mötzow

Wie ein Schloss in Rot-Weiß steht das alte Gutshaus mit seinen vielen kleinen Türmchen in der weiten Landschaft. Auf der großen Anlage des Vielfruchthofs Domstiftsgut Mötzow, eines von Deutschlands schönsten Bauernhöfen, gibt es ein vielfältiges Angebot. Nummer eins ist die exquisite weiße Stange! Superfrischer Spargel ist das edle Hauptprodukt in Mötzow. Die empfindliche Pflanze genießt auf den sandigen Böden optimale Voraussetzungen zum Wachstum. Mötzow liegt am Rande des größten Spargelanbaugebietes in Deutschland und teilt die Erfolgsgeschichte des feinen Gemüses in Brandenburg. Im Frühjahr beginnt die Spargelverarbeitung im alten Kuhstall von Mötzow. Mit eigenen Augen kann man der modernen automatischen Sortierung und dem Abwiegen zuschauen. Dort, wo früher die Lämmer und Schafe in Ställen standen, bietet jetzt das Restaurant regionale Küche an. Die Delikatesse im Frühjahr ist der feldfrische Spargel in verschiedenen kulinarischen Variationen. Ob als Stange, als Salat oder Suppe, der Spargel ist der Held von Mötzow. Doch zu anderen Jahreszeiten hat er Konkurrenz. Die aromatischen Erdbeeren, Heidelbeeren, Bohnen und Mairübchen sowie das leckere Fleisch aus eigener Produktion schmecken nach mehr. Im früheren Pferdestall öffnet ein Hofladen mit Köstlichkeiten zum Auswählen. Es gibt Brot, Wurst, Eier, Gemüse und zur Erntezeit natürlich Spargel. Außerdem bieten lokale Handwerksmanufakturen interessante kulinarische Ideen in Töpfen und Gläsern an. Hier ist nichts Chichi, sondern alles handfest und frisch! Das Domstiftsgut Mötzow arbeitet in jahrhundertelanger Tradition. Erstmals erwähnt wird es 1204 und spätestens seit 1335 gehörte es den Mönchen aus Brandenburg. Der alte Speicher und die ehemalige Stellmacherei sind inzwischen zur „Kunstmühle“ umgebaut. In den Räumen mit rustikal-stylischen Backsteinwänden stellen wechselnde heimische Künstler ihre Werke aus. Art Havelland zum Kennenlernen! Im kleinen Laden nebenan kann man sich mit Keramik, Filz, Korb und Textil aus märkischer Produktion glücklich shoppen.

● Vielfruchthof Domstiftsgut Mötzow, Gutshof 1, 14778 Beetzseeheide, Tel. (03 38 36) 20 80, www.vielfruchthof.de
● ÖPNV: Bus 522, Haltstelle Mötzow, Dorf

Fotosafari Großtrappen

43

Bei Buckow und Garlitz

Fotosafari im Havelland! Beobachtungsziel: die stolzen Großtrappen und ihr seltenes Naturschauspiel! Es gibt nur noch wenige dieser großen Vögel in Europa. Einige kommen in Spanien und Ungarn vor, etwa 60 Paare leben in Österreich. In Deutschland gibt es 350 Tiere. Sie alle haben sich in die steppenähnlichen Weiten Sachsen-Anhalts und Brandenburgs zurückgezogen. Über 100 der großen Trappen leben im Havelländischen Luch und sind gut zu beobachten! Zwischen Buckow und Garlitz haben sie ihr Revier und plustern sich dort ziemlich auf. Es sind recht komische Vögel und aufgrund ihrer Seltenheit sehr streng geschützt. Sogar eine ICE-Strecke wurde aufwendig mit Erdwällen gesichert, damit die Vögel nicht in die Züge fliegen.

Großtrappen sind die schwersten flugfähigen Vögel der Welt. Ein Männchen wird bis zu 15 Kilogramm schwer und etwa 1 Meter lang. Die älteren Männchen tragen einen auffälligen Federbart, der ihnen vom Schnabel bis zum Hals reicht. Die Weibchen wiegen nur ein Drittel, sind vergleichsweise unscheinbar und wesentlich kleiner. Für Ornithologen und alle Naturliebhaber ist die Beobachtung dieser schönen Vögel ein Highlight mit größtem Seltenheitswert. Bei Buckow (Nennhausen) wird der Bestand vom NABU, vom Förderverein Großtrappenschutz und von der Staatlichen Vogelschutzwarte Brandenburgs gehegt und bewacht. Am Ortsende ist ein informatives Zentrum für Besucher eingerichtet, zusätzlich werden Führungen angeboten. Die ausgeschilderten Vogelbeobachtungstürme in den Feldern bieten auch individuellen Betrachtern eine gute Perspektive auf die großen Vögel. Das schönste Schauspiel ist die Balz, der Werbetanz der Männchen. Von März bis Ende Mai, je nach Wetterlage, lassen sie sich beim Liebespiel beobachten. Am besten am frühen Morgen oder am Abend vor der Dämmerung. Damit die Trappen überleben, brauchen sie die Wiederherstellung ihrer Lebensräume. Dazu gehört ein gutes Angebot an Insekten, Grünfutter und kleinen Tieren und sehr viel Ruhe. Zur Beobachtung das Fernglas mitnehmen!

TIPP

Zum Beobachtungsturm bei Garlitz kommt man mit dem eigenen Auto oder einer geführten Tour ab Buckow.

- Förderverein Großtrappenschutz, Buckower Dorfstraße 34, 14715 Nennhausen OT Buckow
- ÖPNV: Bus 682, Haltestelle Buckow, Nennhausen

Die verliebte Wassernixe

44

Die Skulptur der Märchenfigur Undine

Sie kniet nackt mit Blick auf ihr Element, das Wasser. Ihr Name ist Undine. Der Blick ist melancholisch, ihre Haltung selbstbewusst. Ihre Geschichte ist tragisch, ihre Überzeugung die Liebe. Dort, wo in der Stadt Brandenburg die Näthewinde, ein Nebenarm der Havel, in die Niederhavel fließt, hat das Meermädchen ihre hiesige Heimat gefunden. Hier steht ihr Denkmal. An dieser Stelle scheint es, als habe „die Erdzunge … sich aus Liebe zu der bläulich klaren, wunderhellen Flut in diese hineingedrängt, als auch, das Wasser habe mit verliebten Armen nach der schönen Aue gegriffen, …“. In der einen Hand trägt Undine eine Muschel, die das weibliche Element verkörpern soll, in der anderen einen Fisch, Symbol für die Männlichkeit. Die Bronzefigur wurde von Heike Adner und Knuth Seim gestaltet.

Undine ist eine Kunstfigur des romantischen Schriftstellers Friedrich Heinrich Karl Baron de la Motte Fouqué, der 1777 in Brandenburg als Sohn einer hugenottischen Familie geboren wurde und später in Nennhausen lebte. Sie ist ein Mädchen aus einer anderen Welt und Hauptfigur einer Erzählung über die gescheiterte Liaison einer Seejungfrau und eines Ritters, über Liebe und Rache, über Schmerz und Tod. Die 1811 veröffentlichte Schilderung ist ein Klassiker der Literaturgeschichte und die literarische Vorlage diverser Filme. Zum Nachdenken über die Liebe und ihre Untiefen ist ein Spaziergang entlang des Gewässers mit dem seltsamen Namen Näthewinde schön. Die Näthewinde trennt die Dominsel von der auch schon ziemlich alten Neustadt. Wer angesichts der intensiven Beschäftigung mit dem Thema der Liebe hungrig wird, dem sei das Lokal Zum Bootshaus unterwegs empfohlen. Gutes Essen und schönes Draußensitzen. Am Ende des Weges stehen in einem hübschen kleinen Park breite Holzliegestühle mit Blick aufs Wasser und auf das Neustädtische Mühlentor. Zum glücklichen Nachsinnen übers Lieben gibt's Liegen im Heckenseparee.

- Undine-Skulptur, Am Packhof, 14776 Brandenburg an der Havel
- ÖPNV: Tram 6, Haltestelle Jahrtausendbrücke, Brandenburg an der Havel

UNDINE

Schwarzbier und Dorfidylle

45 Das Restaurant Zum Rittmeister in Kemnitz

Kemnitz – mit K – das gibt es sogar dreimal in Brandenburg. Das Wort kommt wie so manche Namen im Havelland aus dem Slawischen und bezeichnet einen steinigen Acker. Kemnitz liegt am oberen Ende des Großen Plessower Sees und aus dem Steinfeld ist längst eine Idylle gewachsen. Ein wenig sieht das kleine Kemnitz aus, als sei es eine Seite aus einem Dorfbilderbuch oder aus einem Häuserbaukasten für die Modelleisenbahn. Tatsächlich haben hier früher viele Dorfbewohner bei der Eisenbahn gearbeitet, die Strecke von Berlin nach Magdeburg führt fast durch den Ort. Inzwischen hat sich vieles verändert, doch die alten Bäume stehen noch immer an der kopfsteingepflasterten Straße. Mitten im Dorf schimmert die Kirche warm und rötlich. Die Farbe auf den dicken, rundlichen Feldsteinen zeigt schon ein wenig südliche Patina. Ein kleiner Fachwerkturm ragt aus dem Rechteck. Auf einer Halbinsel im Plessower See steht nebenan das ehemalige Gutshaus der Familie von Britzke. Ein paar Schritte weiter lädt ein Park mit zahlreichen Bänken zum Schlendern oder zum Rasten ein. Oder man schaut einfach den Schwänen auf dem Großen Plessower See nach. Für alle Hungrigen und Durstigen ist der Biergarten Zum Rittmeister der Ort fürs Glück! Mitten im Dorf unter lauschigen Bäumen wird die Sehnsucht nach Homebrewing erfüllt. Ein Pils, ein Schwarzbier oder ein Orange Ale ist fast immer eine Verlockung. Die Speisekarte ist deftig rustikal und angereichert mit regionalen Produkten. Hausgemachte Sülze, Töplitzer Weichkäse oder Kürbisgnocchi sorgen für ausgeglichene Zufriedenheit. Selbstverständlich werden auch nichtalkoholische Getränke und ein leckerer Blechkuchen vom Landbäcker serviert.

Kemnitz ist ein Dorf für gehobene Ansprüche. Ein Golfclub, ein Drei-Sterne-Hotel mit Blick auf den See und das Pferdegestüt Bonhomme mit hin und wieder öffentlichen Veranstaltungen prägen das Ambiente. Kemnitz und der Rittmeister sind ein guter Ort für eine Pause während einer Wanderung oder einer Radtour um den Plessower See.

- Kemnitz/Werder (Havel) und Zum Rittmeister, Seestraße 9, 14542 Werder (Havel) OT Kemnitz
- ÖPNV: Bus 630, Haltestelle Kemnitz Dorf, Werder (Havel)

Die Kunst und das Bad

46

Badestelle und Kunsthaus in Strodehne

Die Badestelle ist direkt im Dorf. Naturbelassen, baumumstanden, ein heller, seichter Sandstrand an der Gülper Havel. Füße ins Wasser oder den ganzen schönen Körper! Die Gülper Havel ist ein verwunschener Nebenarm im ausgedehnten Binnendelta des trägen Hauptstroms und ideal zum Wasserwandern. Neben dem Strand gibt es eine Einsatzstelle für Kanus mitsamt überdachtem Picknickplatz. Einfach ausspannen, in die tief hängenden Äste der Weiden schauen, dem leisen Plätschern lauschen. Der ganze Ort ist Havelglück und das haben auch viele Künstler hier gefunden. Strodehne wirkt magnetisch auf die Kunst. Der kleine Flecken mit seinen 268 Einwohnern ist dafür weit über den Horizont bekannt. Manche Künstler wohnen über viele Jahre in Strodehne, manche kommen während des Sommers für ein paar Wochen und mieten sich im Kunsthaus ein. International bekannte Fotografen, Maler, Schriftsteller, Filmschaffende und Performancekünstler leben und arbeiten ab und zu im Dorf und stellen hier auch aus. Bernhard Heisig, der an der Ausgestaltung des Bundestagsgebäudes in Berlin beteiligt war, und seine Frau Gudrun Brüne haben den Ort bekannt gemacht. Der Maler Bernhard Heisig war einer der wichtigsten Repräsentanten der Kunst der DDR. Auf seinen Wunsch hin wurde er auf dem Dorffriedhof bestattet.

TIPP

Eine Kanutour unterm Sternenhimmel kann man bei Heike Helmers in Havelaue buchen!

Beim Schlendern durch das Dorf der roten Backsteinhäuser lohnt sich das Umschauen. Liebevoll aufgestellte Schilder verweisen auf die Geschichte der Siedlung und auf kleine Besonderheiten. Ausstellungen und Konzerte finden im Kunsthaus und in der Kirche statt. Strohdehnes Kunsthaus liegt am Ortsende vor dem Nadelwehr und der Gahlberger Kahnschleuse. Die Schleuse und die Staustufe regulieren den Abfluss aus dem höher liegenden Gülper See in Richtung Rhin und Havel. Das Wehr stammt von 1912 und besteht aus 120 Holznadeln, die je nach Bedarf gesetzt oder gezogen werden können. Ein interessanter Mechanismus, der im Handbetrieb gelenkt wird.

- Badestelle, 14715 Havelaue OT Strodehne
- Kunsthaus, Gahlberg 1, 14715 Havelaue OT Strohdehne

Das Wasser des Lebens

47 Glina Whisky Destillerie

Im Laden glitzert es golden, ein leichter Geruch von nussig-erdigem Alkohol liegt in der Luft. Die Farbe ist Bernstein, sie funkelt in Flaschen. In der Glina-Destillerie produziert Michael Schultz feinsten Whisky und andere Alkoholika. Die Elisabeth-Quelle ist der Anfang des rauchigen Genusses. Aus 86 Metern Tiefe sprudelt das Wasser durch die Lehm- und Tonschichten beim Siedlerhof auf der Elisabethhöhe an die Oberfläche. Auch die anderen Zutaten kommen ganz aus der Nähe. Gerste und Roggen wachsen auf den eigenen Feldern im milden Klima zwischen den Seen der Havel. Nur die Fässer zur Lagerung sind aus Spessarteiche oder kommen von französischen Weingütern. Das Ergebnis der Mischung aus Wasser und Getreide ist Glina, einer der besten Whiskys aus Deutschland! Sogar ein 10 Jahre alter Single Malt in einer dunkelgoldenen Farbe, gereift in drei verschiedenen Fässern, wird hier destilliert und angeboten. Glina ist das slawische Wort für Lehm und erinnert an die schweren Lehm- und Tonlagen, die zwischen den sandigen Schichten des märkischen Bodens liegen. Früher standen hier die Ziegelmanufakturen, heute gibt es Whisky statt Backstein. Und Michael Schultz ist der Meister des Whiskys aus dem Havelland. Er führt durch die Erlebniswelt in der gläsernen Destillerie und erklärt die Produktion seines lokalen Wassers des Lebens. Der riesige Kupferzylinder ist einer der beiden größten in Deutschland.

Für Fans anderer Geschmacksrichtungen wird prämierter Gin gebraut. „Die Siedler" sind nach dem Siedlerhof der Familie Schultz benannt und für „Sir Henry" ist das Label der kecke Hund. Das Team produziert unter dem Namen Schultz'ens Siedlerhof auch Obstweine, die ein seit Langem in der Gegend einheimisches Erzeugnis sind. Es gibt Erdbeerwein aus der Sorte Mieze Schindler oder Birnenwein der Gräfin von Paris. Die Rote Lola ist ein Beeren- und Frucht-Cuvée und in der kalten Jahreszeit steht Glühwein auf dem Programm. Doch das Spitzenprodukt aus der Glina-Destillerie bleibt der Whisky aus Brandenburg!

● Glina Whisky Destillerie, Karl-Liebknecht-Straße 17, 14542 Werder OT Elisabethhöhe, Tel. (0 33 27) 5 07 93 36, glina-destillerie.de
● ÖPNV: Bus 633, Haltestelle Elisabethhöhe

GLINA
DEUTSCHER WHISKY
Single Cask
GLINA
DEUTSCHER WHISKY
WORLD SPIRITS
AWARD 2021
BRONZE
WORLD SPIRITS
AWARD 2021
SILVER

Schillernde Farbe

48

Der Optikpark in Rathenow

Der Ort der Entspannung ist vielfarbig bunt. Der Optikpark in Rathenow war ein Teil der Bundesgartenschau 2015 und leuchtet bis heute in allen Farben der Prismen. Natur – Kultur – Entspannung ist sein Motto. Die bequemsten Plätze sind die Liegestühle in den Farben des Regenbogens, die auf der Wiese des Parks stehen. Der luftigste Ort ist die immer geöffnete 348 Meter lange Weinbergbrücke für Fußgänger, die über Hellers Loch führt. Sie ist so schön geschwungen, dass sie 2016 den Deutschen Ingenieurbaupreis gewann. Der maritimste Ort ist der Leuchtturm, der bis 1997 in Warnemünde an der Ostsee stand und jetzt als Symbol der Optik seinen Platz für alle sichtbar in der Rathenower Havel hat. Seine Linsen wurden in Rathenow geschliffen und leuchten nachts bis in den Himmel. Der romantischste Ort ist die Floßfahrt auf einem idyllischen Havelarm zwischen Seerosen und Schlingpflanzen. Johann Heinrich August Duncker, Prediger aus Rathenow, legte vor 200 Jahren mit seiner genialen Erfindung den Grundstock für die optische Industrie an der Havel. Er bastelte im Pfarrhaus mit Linsen, Mikroskopen und Brillen und begann nach erfolgreicher Produktion mit dem Verkauf. 1801 eröffnete er zusammen mit seinem Kollegen Samuel Christoph Wagener die Königlich privilegierte optische Industrie-Anstalt. Duncker erfand die Vielspindelschleifmaschine, den Schleifstein für die industrielle Fertigung optischer Geräte. Mithilfe der neuen Maschine wurde das Schleifen von Linsen mechanisiert und so das Brillenglas erstmals ein Massenartikel. Aus Rathenow kam das gute Sehen für jeden. Vor dem Zweiten Weltkrieg war Rathenow ein führender Optikstandort weltweit. Nach schwierigen Jahren gewann die Stadt nach Krieg und Zerstörung wieder an Fassung. In der DDR kam jedes Brillenglas aus Rathenow! 4500 Menschen produzierten hier. Heute lässt die Firma Fielmann mit etwa 1500 Angestellten ihre Brillengläser in der Stadt der Optik fertigen. Und in der Stadt selbst kann man an vielen Stellen die leuchtenden Farben des Regenbogens betrachten.

TIPP

Der Leuchtturm ist vom Mühlendamm oder Vor dem Mühlentor auch ohne Besuch des Parks gut zu sehen.

● Optikpark Rathenow, Schwedendamm 1, 14712 Rathenow, optikpark-rathenow.de
● ÖPNV: Bus 678, Haltestelle Optikpark, Rathenow

Meetingpoint Malge

49 Freizeitparadies und Strand Malge

Malge ist ein Stichwort für alles. Hier wird die Havel zum Meer, der Sand zum Strand und die nahe Insel Buhnenwerder zur Schatzinsel. Die Malge liegt am Breitlingsee, der ist so groß wie 700 Fußballfelder und etwa 10 Kilometer von der Stadt Brandenburg entfernt. In der Malge gibt es einen größeren und mehrere kleine Strände, in kurzer Entfernung zwei Restaurants, einen Biergarten unter Schirmen direkt am See und eine Fischräucherei. Zum Freizeitparadies Malge unter Kiefern und Birken gehören ein Campingplatz, eine Pension und der Bootssteg für die Schifffahrt nach Brandenburg. Am allerschönsten ist es am Strand. Er liegt ein wenig abseits, ist feinkörnig, weiß und garantiert Ostseefeeling. Und noch schöner ist es hier zum Sonnenuntergang. Im abendlichen Zwielicht liegen die Inseln im See. Auch wenn sie ganz banal Kanincheninsel, Buhnenwerder, Kälberwerder und Kiehnwerder heißen, ist auf ihnen vielleicht ein Schatz verborgen. Sie ragen als Relikte der Eiszeit flach und knapp über die Wasseroberfläche des Breitlingsees. Mit dem Boot einfach übersetzen und die mutmaßlichen Pirateninseln erkunden. Das ist sogar auf der Naturschutzinsel Buhnenwerder erlaubt, aber bitte auf dem Natura Trail bleiben. Schilf und Röhricht sind für Menschen und Boote streng tabu, damit die Tiere glücklich bleiben. Wer kein eigenes Boot dabeihat, muss keines kapern. Beim Bootsverleih Malge sind Ruderboote, Kanus, Tretboote und SUPs im Mietangebot. Einen Bootshafen mit Liegeplätzen für eigene Boote gibt es ebenfalls. Richtig maritim, die Malge!

An warmen Sommerwochenenden trifft man andere lustige Piraten beim Feiern, an Wochentagen ist es gemütlich und ein Refugium zur stillen Vogelbeobachtung. Wenn sich am Abend der Breitlingsee im Sonnenuntergang rot färbt und der Sandstrand noch warm vom Tag ist, geht über der Malge ein Glücksstern auf.

TIPP

Entweder auf dem Havel-Radweg, zu Fuß am Wasser oder mit der Fähre vom Brandenburger Salzufer aus anreisen.

- Malge, 14776 Brandenburg
- ÖPNV: Bus 522, Haltestelle Malge, Brandenburg an der Havel

Schönheit ist zeitlos

50 Kirche in Ketzür

Sie ist anders als die anderen. Wo andere geradlinig scheinen, ist sie eckig. Wo andere rund sind, ist sie gerade. Während andere mit ihren Namen protzen, bleibt sie namenlos. Doch sie gehört zu den schönsten! Sie ist die Kirche in Ketzür. Ein Blick aus der Vogelperspektive zeigt die schiefe Konstruktion des gesamten Baus. Das Mittelstück stammt aus dem 13. Jahrhundert und ist ein siebeneckiger Raum. Später wurde im Osten der rechteckige Chor im Stil der Renaissance angebaut und vor dem Kirchenschiff wacht der gotische Turm mit seiner barocken Haube. Die wahre Schönheit kommt innen! Leise knarrt die Kirchentür beim Öffnen. Der Innenraum ist unerwartet reich ausgestattet. Über allem schwebt an der Decke ein wolkengleicher Himmel in Ornamentmalerei. Der Blickfang jedoch ist ein raumgreifendes Epitaph, die Gedenktafel für den Gutsbesitzer Heino von Brösigke und seine Familie. Es stammt aus dem 17. Jahrhundert und zeigt vier männliche und sechs weibliche Figuren aus teurem Alabaster, die vor der Darstellung biblischer Szenen knien. Heino von Brösigke war mehr als ein einfacher Landadliger. Als er starb, hatte er den Posten des Hofschenks des Kurfürsten von Brandenburg inne und seine Familie konnte sich den teuren Grabmal-Auftrag bei Christoph Dehne aus Magdeburg leisten. Die Eltern und alle Geschwister sind zu sehen. Die älteste Tochter kniet gleich hinter der Mutter. Wie alle dargestellten Frauen trägt sie eine Haube und einen sorgsam gekrausten Renaissancekragen. Mit weit aufgerissenen entsetzten Augen schaut sie dem Kirchenbesucher direkt ins Gesicht. Sie trug übrigens den interessanten Namen Hippolyta. Zwei starke Figuren tragen das monumentale Epitaph. Es sind Adam und Eva. Eva mit ihrem langen, lockigen Haar schaut nach oben und zeigt sich derweil dezent auf ihre Brust. Kunst ist Entdeckung! An den Seitenwänden der Kirche sind die Patronatslogen der früheren Gutsbesitzerfamilien aufgeständert. Von hier oben hat man den besten Überblick in eine der schönsten Kirchen im Havelland.

TIPP

Die Bockwindmühle auf dem Mühlenberg dreht seit 1862 ihre Flügel und ist sonntags im Sommer geöffnet.

● Ketzür Kirche, Ketzürer Dorfstraße 31, 14778 Beetzseeheide, Tel. (03 38 38) 4 02 26 (Pfarramt Päwesin)

● ÖPNV: Bus 569, Haltestelle Ketzür Dorf, Beetzseeheide

Tanz der Erneuerung

51

Die Aussichtsplattform in Premnitz

Gar nicht so hoch, doch hoch genug für einen schönen Fernblick! Von der Aussichtsplattform auf dem Pumpwerkgebäude an der Uferpromenade von Premnitz reicht der Blick weit über die Untere Havelniederung zwischen Elbe und Havelseen bis zu den Kiefernwäldern. 11 Meter über dem Fluss steht die Plattform in der „Stadt voller Energie". Der Aussichtspunkt öffnet den Blick auf den Kontrast. Vorn die ruhige Natur mit unzähligen Wasservögeln, im Rücken die Industriegeschichte von Premnitz. Der Standort im alten Kohlehafen ist jetzt grün statt verrußt, in den letzten Jahren hat er sich vom hässlichen Entlein zum schönen Schwan gewandelt. Premnitz ist die Stadt voller Energie mit einer Geschichte voller Brüche. Bis zum Ende des 19. Jahrhunderts war der Ort ein stilles Dorf. Dann begann mit den märkischen Investitionen der Vereinigten Köln-Rottweiler-Pulverfabrik die Industrialisierung. Mitten im Ersten Weltkrieg wurde Premnitz Standort der rüstungsrelevanten Chemieindustrie und der I. G. Farben. Später produzierte hier die VEB Chemiefaserwerk Friedrich Engels. Es ging um vieles und auch um einen Stoff, aus dem so manche Träume waren: Perlon. 1938 wurde diese deutsche Antwort auf das US-amerikanische Nylon erfunden. Das war das Material für Strümpfe, die verführten! Die Produktionsstätten für Perlon lagen im Osten und nach der Teilung Deutschlands kam das Glück für die Westfrauen aus amerikanischen Care-Paketen. Später ließ die DDR den speziellen Kunststoff unter dem Namen Dederon patentieren. Den hohen Wasserverbrauch zur Produktion sättigte die Havel und die endlosen Kohleanlieferungen kamen per Schiff. Aus dem märkischen Dorf wurde eine Stadt. Die Wende erzwang das Ende fast der gesamten Industrie. Mehr als 3000 Menschen zogen fort. Heute lädt die schöne Havelpromenade mit ihren Skulpturen aus Metall zum gelassenen Verweilen ein. Der dicke Fischer wartet auf den großen Fang und abseits schwatzen die Marktweiber. Der schönste von allen ist der wilde 6 Meter hohe Galliarde, der fröhliche Tanz der Erneuerung!

TIPP

An der Uferpromenade gibt es einen Wasserwanderrastplatz und einen Schwimmsteg für Wassersportler.

- Aussichtsplattform, Alte Hauptstraße, 14727 Premnitz
- ÖPNV: RB 51, Haltestelle Zentrum Bahnhof, Premnitz

Üppige Früchte

52 Schloss, Birnbaum und Dorf Ribbeck

„Wiste'ne Beern?" flüstert es in Ribbeck aus allen Ecken, nicht nur zur Erntezeit. Theodor Fontane hat das Dorf mit seinem Gedicht über die Birnen berühmt gemacht. Ohne den Reim über den alten und sterbenden Herrn von Ribbeck, der seinem habgierigen Sohn trotzt und an die Kinder des Dorfes denkt, wäre Ribbeck im Havelland wohl kaum in aller Munde. Im Herbst locken die duftenden reifen Früchte, im Frühjahr die blühenden Obstwiesen und im Sommer nisten die Störche auf den Dächern der Häuser. Das Angerdorf ist zu jeder Jahreszeit malerisch, idyllisch und fruchtig. In Ribbecks Gärten wachsen die verschiedensten Birnensorten und in den Cafés und Lokalen verlockt die Vielfalt an birnigen Köstlichkeiten. Der größte Bau im Dorf ist das neobarocke Schloss. Eine Ausstellung berichtet über das einstige Herrenhaus, über die regionale Geschichte und selbstverständlich über Theodor Fontane, den Tourismusmanager des 19. Jahrhunderts. Für den Schlossgarten hat jedes Bundesland einen Birnbaum spendiert. Rheinland-Pfalz hat sich für die Sorte Frühe von Trevoux entschieden, Niedersachsen für die Winterforelle und Bremen wählte die Pastorenbirne. Schade, der ursprüngliche Birnbaum steht nicht mehr. 1911 hat ihn ein Sturm gefällt. Der Rest vom Baumstumpf ist in der lachsfarbenen Dorfkirche zu sehen. Längst wächst ein neuer vor der Kirche. Römische Schmalzbirne heißt er wenig verführerisch. Dafür ist er hart im Nehmen und soll dem Original entsprechen.

Alles in Ribbeck steht auf Birne. In der alten Brennerei wird sie zu Schnaps gebrannt und im Alten Waschhaus, in dem die geweißte Wäsche durch den Raum flattert, gibt es die oft gerühmte Birnentorte. Ein Besuch in Ribbeck ist perfekt wie ein Bilderbuch. Ribbeck ist der richtige Platz, um die Schönheit eines märkischen Dorfes kennenzulernen und entspannt unter einem Birnbaum zu liegen. Das Theater der Frische und die Kulturscheune machen Angebote für Kulturliebhaber. „So spendet Segen noch immer die Hand – des von Ribbeck auf Ribbeck im Havelland."

- Ribbeck, 14641 Nauen
- ÖPNV: Bus 661, 680, Haltestelle Ribbeck, Nauen

Hier gibt es die berühmten
Original
Ribbecker
Birnentorten
Guten Appetit!

Brückenschlag zum Glück

53 Die Jahrtausendbrücke in Brandenburg

Die Brücke ist Verbindung, und Verbindung ist der Brückenschlag zum Glück! Die Brandenburger Jahrtausendbrücke führt über die Havel, die Brandenburg fast umrundet und liebevoll in ihren Fängen hält. Zur 1000-Jahr-Feier der alten Domstadt wurde sie 1929 eingeweiht. Sie ersetzte die alte Lange Brücke, denn diese alte Klappbrücke zwischen Alt- und Neustadt stoppte zu häufig den Verkehr. Die Jahrtausendbrücke war mit der Verbindung zweier Stadtteile ein wichtiger Bau der modernen Stadtentwicklung. Doch wer aufmerksam schaut, entdeckt auf der Brücke eine Plakette mit der Inschrift „eingeweiht am 01. 12. 1996". Da war das Jahrtausend schon älter und die Brücke nach behobenen Schäden wieder neu. Oben auf der Brücke steht das Glück bereit. Es heißt Cafébar und sieht aus wie ein altes Brückenwärterhäuschen. Im Angebot sind Frühstück, Törtchen, Tee und guter Kaffee in einem kleinen und sehr gemütlichen Raum. Die schönsten Plätze gibt es im Sommer einfach auf der Wiese und auf den breiten Haveltreppen am Salzhof gleich nebenan. Bei warmen Sonnenstrahlen trifft sich hier ganz Brandenburg zum Chillen, zum Nixtun, zum In-die-Sonne-Blinzeln. Es gibt Kanus zu leihen und nicht weit entfernt sind die Anleger mit den Ausflugsdampfern. Früher stand direkt neben der Brücke ein Fachwerkbau auf Holzpfählen. Das war der Brandenburger Schöppenstuhl, die oberste Gerichtsbehörde der Mark. Über 700 Hexenprozesse fanden bis 1730 dort statt, auch über Fontanes Grete Minde wurde hier gerichtet. Auf der anderen Brückenseite zeigt ein schwarzer Riesengraffitomann mit seiner leuchtend gelben Blume einladend von einer Brandmauer aus auf die Hauptstraße Brandenburgs. Hier, direkt neben der Brücke, arbeitet Linde Rosenmüller in ihrer Werkstatt Tonica, einem Atelier und Laden für schöne Dinge aus Ton. Man kann die Töpferin beim Drehen, Aufbauen und Formen von Ton beobachten und natürlich die hübschen Produkte auch kaufen. Oder einfach Eis schlecken, Kaffee oder Tee trinken, die Havel grüßen, glücklich sein.

- Jahrtausendbrücke mit Cafébar im Brückenhäuschen, 14776 Brandenburg an der Havel
- ÖPNV: Tram 6, Haltestelle Jahrtausendbrücke

BUGA 2015 Havelregion

Am Ende der Welt

54 Vehlgast

Das Glück liegt am Ende der Welt. Dort ist das kleine Dorf Vehlgast. Selbst die Straße endet hier knapp vor der Havel. Nur für Paddler und andere Bootsreisende bleibt der Ort keine Sackgasse. Vehlgast ist ein charmantes altes Fischerdorf an einer der zahlreichen Havelschlingen, dem ursprünglich mäandernden Kurs des Flusses. Die neogotische Backsteinkirche ragt zwischen den Fischer- und Bauernhäusern im hübschen und denkmalgeschützten Ortskern auf. Die letzten Dorfhäuser stehen an der schmalen Treppenanlage, die zur Dorfhavel hinunterführt. Unten ragt ein Anlegesteg ins Wasser und ein Pfad schlängelt sich an der Havel neben uralten Weiden. Das ist das 1488 erstmals erwähnte, aber sicher viel ältere Dorf. Ruhe und Gelassenheit. Nur Angler, die reiche Fischgründe finden. Keine Gastronomie, keine Läden, keine Party. Wohltuend. Durch die Initiative des NABU wurde die Havel renaturiert, die lange verschlossene Havelschlinge ist wieder geöffnet. Jetzt bleibt der alte Arm der Dorfhavel nicht länger ein abgeschlossenes, ödes Gewässer, sondern der Strom des Flusses kann zwischen Hauptstrom und Altarm wählen. Das ist ein großer Vorteil für die Vielfalt von Flora und Fauna. Genaue Informationen über den Naturraum und seinen speziellen Schutz gibt es im frisch renovierten Backsteinbau des Alten Schöpfwerks am Ufer der Havel. Dieses älteste erhaltene Schöpfwerk in Sachsen-Anhalt wurde 1901 errichtet und diente der Trockenlegung und Wasserregulierung der landwirtschaftlich genutzten Flächen. Im Innenraum stehen noch immer die längst stillgelegte Pumpe von 1900 und die einzigartig erhaltene Elektro-Antriebstechnik aus dem Jahr 1926. Es ist eines der letzten vorhandenen dampfbetriebenen Polderpumpwerke in Deutschland und somit auch eine Station für Technikfans! Im alten Pumpenraum zeigt eine Ausstellung, was das Leben in den Niederungen am Wasser gestern und heute bedeutet. Es geht um Hochwasserschutz, um Entwässerung und Wassermanagement und um die Folgen für den Feldbau und die Natur.

● Altes Schöpfwerk Vehlgast, 39539 Havelberg
www.altes-schoepfwerk-vehlgast.info
● ÖPNV: Bus 911, Haltestelle Vehlgast

Radeln nach Zahlen

55 Die Radrouten durchs Havelland

Das Havelland ist Radfahrland! Alles fast flach und man ist den blühenden Mohn- und Kornblumenfeldern ganz nah, spürt den Wind im Gesicht und ist in Bewegung. Eine kleine Anstrengung zwischendurch ist der Garant fürs Glück. In die Pedale treten, durch Alleen rollen und in kleinen Angerdörfern stoppen, ist ein Weg zur Entspannung. Das Radwegnetz ist nach der roten Knotenpunktwegweisung ausgeschildert. Radeln nach Zahlen! Damit gelingt jede Tagesplanung und das Umentscheiden unterwegs ist auch recht einfach. Drei verschiedene Routen führen durch das Havelland, jede ist auf ihre Art charmant. Am bekanntesten ist der Havel-Radweg, der entlang der Havel führt. Sein Symbol ist ein blaues Schild mit einem orangefarbenen Fahrrad und einem blauen Band, das für den Fluss steht. Auf 150 Kilometern dieses Weges kann man durch das Havelland gleiten, der Flussblick ist oft garantiert. Auf dieser gut ausgebauten Strecke bleibt bei schönem Wetter keiner allein. Wer es ruhig mag, wählt besser eine andere Strecke. Der Havelland-Radweg führt querfeldein von Spandau über Ribbeck und das Luch nach Rathenow. Auf etwa 100 Kilometern, meist asphaltiert, geht es durch Wälder und durch märkische Dörfer mit illustren Namen. Sie heißen Paaren, Kotzen und Göttlin. Seine Beschilderung ist auffallend markant. Der rote Brandenburger Adler, sonnengeschützt mit einem Baseball Cap, rast auf dem blauen Fahrrad übers Grün des Havellandes. Die Dritte und Jüngste im Bunde ist die Radroute Fontane-Rad. Sie wurde 2019 zum 200. Geburtstag von Theodor Fontane eröffnet und ehrt den Geschichtsschreiber des Havellands. Es ist eine Route für Kulturentdecker, die den biografischen und literarischen Spuren des Dichters zu Originalschauplätzen folgen und dort auf inspirierenden Informationstafeln mehr erfahren. Ihr Symbol ist das gelbe Speichenrad. Für alle, die mit gemütlichen Ambitionen Rad fahren: Der nächste Bahnhof ist nicht weit. Und noch ein Hinweis für die Pause: Das Getränk, das andere Radler nennen, heißt regional Potsdamer.

- Havel-Radweg, Havelland-Radweg, Fontane-Rad
- ÖPNV: je nach Startpunkt

Auge in Auge

56 Die Döberitzer Heide

Auge in Auge mit 500 Kilogramm und 1,80 Meter Höhe! Trotz der verführerisch dunkelbraunen Augen steht zum Glück der Zaun zwischen dem Betrachter und dem großen Tier. Es sind Wisente, die im Naturschutzgebiet Döberitzer Heide leben. Und sie sind nicht allein. Mehr als zwei Dutzend der Przewalski-Wildpferde, über 90 Rothirsche und die vom Aussterben bedrohten Sorraia-Pferde aus Portugal leben hier und werden durch die Sielmann-Stiftung gut geschützt. Der Wiedehopf hüpft zwischendrin und die Kraniche schauen auch vorbei. Auf einer Tour durch die Döberitzer Heide bietet sich die Chance, spannende Tiere zu beobachten. 3500 Hektar, über 5000 Tier- und Pflanzenarten, das ist ein einmaliges Stück Wildnis und ein Paradies der Natur! Die 1800 Hektar große Kernzone bleibt vom Menschen unberührt. Keiner darf rein. In der Randzone sind 55 Kilometer Wander- und Mountainbikewege ausgeschildert. Ein 25 Kilometer langer Rundweg verlangt nach Kondition! Doch es gibt auch viele kürzere Spaziermöglichkeiten. Die Wege sind sandig, typisch Brandenburg. Alles Natur pur. Allzu leichtes Schuhwerk bleibt ebenso wie ein normales Fahrrad im Sande stecken. Am Finkenberg, auf der höchsten Kuppe, steht ein Aussichtsturm. 85 Meter natürliche Erhebung plus 13 Meter Turm, ein Superlativ fürs Havelland. Ganz weit in der Ferne schimmert die Silhouette von Berlin am Horizont. Mittendrin grasen Schafe und Ziegen, sie sind zusammen mit den Wisenten die Rasenmäher und Jungbaumhäcksler. So bleibt die Heide, was sie ist.

Für das heutige Naturparadies fing es nicht gut an. Über 300 Jahre lang wurde das Gelände von der preußischen Armee, der Reichswehr, der Wehrmacht und den sowjetischen Besatzungstruppen als Übungsplatz gebraucht. Ab 1896 musste der Wald dem Schussfeld weichen. Überall finden sich Spuren dieser militärischen Nutzung. Doch die von der Sielmann-Stiftung unterstützte Natur hat sich die Döberitzer Heide erfolgreich zurückgeholt.

TIPP

Die Wisente im Schaugehege der Sielmann-Stiftung sind gut zu sehen, dafür ist das Gehege kleiner.

- Döberitzer Heide, 14641 Wustermark OT Elstal
- ÖPNV: RE 4, Haltestelle Bahnhof Elstal, von dort bis zum Wanderweg etwa 20 Minuten zu Fuß

Einmal Filmstar sein

57 Die Filmkulisse Schloss Marquardt

Lady Di mit Kristen Stewart wurde nicht in England, sondern auf Schloss Marquardt bei Potsdam gedreht. Der Name klingt unbekannt, doch ohne es zu wissen, haben die meisten es schon gesehen! Abseits der Touristenpfade steht das Schloss in einem verwunschenen Park am Schlänitzsee. Seit über 90 Jahren ist es Kulisse für Kino- und Fernsehfilme mit nationaler und internationaler Besetzung! Ku'damm 56, Der ganz große Traum mit Daniel Brühl, Effi Briest, Bridge of Spies mit Tom Hanks und viele andere Storys entstanden hier. Auch für Musikvideos sind Schloss und Park ein beliebter Hintergrund. Peter Maffay, Sarah Connor, Rammstein und die Beatsteaks haben sich dieser Filmkulisse bedient. Gefilmt wird im Park, am See und in den Innenräumen des Schlosses. Einmal in Marquardt sein, einmal sich als Filmstar fühlen!

Der Zustand des Schlosses ist leicht morbide und der zugehörige Landschaftspark wirkt wie verzaubert. Das kleine Extra ist die Geschichte um die verschwundene blaue Grotte. Dort hielten die Rosenkreuzer, ein mystischer Orden des 18. Jahrhunderts, einst ihre Sitzungen ab. Häufiger Gast war König Friedrich Wilhelm II., der Nachfolger Friedrichs des Großen. Die Rosenkreuzer arrangierten in der Grotte eine unheimliche Inszenierung. Geisterstimmen flüsterten, sphärische Klänge waberten, Tote sprachen, Schattenbilder huschten über die Wände. Der König war von dieser Mystik vollkommen gefangen und meinte, er höre die Stimme seines toten Lieblingssohnes. Ängstlich, schweißgebadet und voller Schuldgefühle angesichts seiner unzähligen Liebschaften brach er zusammen und wurde aus der Grotte getragen. Er konnte nicht durchschauen, dass die Sphärenklänge auf der Glasharmonika entstanden und die Geisterstimmen in der verborgenen doppelten Rückwand der blauen Grotte geflüstert wurden. Fast wie im Film.

Der Park ist eine schöne Palette in Grün. Auf der einen Seite liegt der Schlänitzsee, auf der anderen der träge fließende Sacrow-Paretzer-Kanal. Röhricht schützt die Ufer, doch an einem kleinen Sandstrand kann man sogar baden.

- Schloss Marquardt, Hauptstraße, 14476 Potsdam OT Marquardt, Tel. (01 73) 4 24 60 53, www.schloss-marquardt.com
- ÖPNV: RB 21, Haltestelle Bahnhof Marquardt, von dort 10 Minuten zu Fuß

Nur sehr schön

58 Baumgartenbrück

Baumgartenbrück sind ein paar Häuser, ein Restaurant und eine Terrasse. Von hier lohnt sich der Weitblick übers Wasser der Havel, die sich zum dicken Schwielowsee ausdehnt. Zwei Herren, die einst vorbeikamen, waren ebenfalls von diesem Platz begeistert. Der eine Gast war Theodor Fontane, unser steter Begleiter durch das Havelland: „… was dauernd hier fesselt, … das sind doch die Gaben der Natur, das ist – wir deuteten es schon an – die seltene Schönheit des Platzes. Es ist eine ‚Brühlsche Terrasse' am Schwielow-See." Fontane holte im Jahre 1869 überschwänglich den Dresden-Vergleich aus der Tasche. Der andere Besucher war der Freiherr von Meusebach, Träger eines interessanten Namens und ein guter Freund der Gebrüder Grimm. Er reihte sich ein ins Schwärmen: „Baumgartenbrück ist nicht sehr grosz, sondern nur sehr schön."

Der Baumgarten sind die Obstbäume, die in dieser Gegend so prächtig gedeihen. Die Brücke wiederum ist eine der wichtigsten Passagen über die Havel. Nun ja, damals war die alte Fernverbindung zwischen Berlin und Brandenburg noch nicht so viel befahren wie heute. Direkt am Ufer der Havel sind zwei bronzene Fischotter-Skulpturen wieder aufgestellt, bis zum Krieg zierten sie die alte weggesprengte Brücke. Ihnen fehlen noch immer die verschollenen zwei Windhunde, die ihre Partner waren. Im hübschen roten Ziegelgebäude schräg gegenüber der Terrasse führt seit 1831 die Familie Herrmann ein Restaurant. Im Sommer wird auf der grünen Terrasse das Essen oder ein kühler Drink serviert. So sitzt man beim Speisen fast auf den gleichen Stühlen wie Fontane und Herr von Meusebach. Im Winter kann man im Gastraum auf alten Fotos die Geschichte des Ortes betrachten. Glücklicher noch als die Herren scheint die blonde Frau aus Holz. Sie schaut aufs Wasser und blinzelt dabei in die Sonne. Lächeln, in sich selbst ruhen, durchatmen und dazu ganz gelassen und entspannt, einfach königlich bleiben. In dem Standbild von Albrecht Klink ist sie ganz sie selbst. Nichts ist schöner am Ufer der Havel.

TIPP
Schiffsanleger für die Schifffahrt nach Werder und über den Schwielowsee.

- Baumgartenbrück, 14548 Schwielowsee OT Geltow
- ÖPNV: Bus 631, Haltestelle Baumgartenbrück, Geltow

Wasser unter der Kiellinie

59

Havel-Kanu in Milow

Der kleine Ort Milow direkt an der Havel und dem schmalen Nebenarm Stremme gelegen ist ein guter Platz für Havelglück. Die Umgebung heißt Milower Ländchen und die nahen Hügelkuppen mit fast 86 Höhenmetern werden im Havelland spektakulär Berge genannt. Ein „Ländchen" im Havelland verspricht höhere und trockene Lagen, während unten in den Niederungen Sumpf und Überflutung drohen.
Die Quelle des Glücks heißt Anstrengung und der Ausgangspunkt ist das Havel-Kanu in der Dorfmitte. Havel-Kanu ist eine Kanuvermietung, die auch geführte Touren anbietet. Und zusätzlich einen super Rückholservice, falls unterwegs die Wünsche stärker als die Arme waren. Das Glücksrevier ist die Untere Havel zwischen Brandenburg und Havelberg vom Naturpark Westhavelland bis zum Biosphärenreservat Flusslandschaft Mittelelbe. Mit mehr als 100 Kilometern Wasserwegen ist es ein Gebiet für Entdecker! Zwischen Haupt-, Neben- und Altarm der Havel erstreckt sich das größte zusammenhängende Feuchtgebiet im westlichen Mitteleuropa! Die Kormorane sitzen auf den tief ins Wasser hängenden Ästen, Wasservögel ziehen vorüber und auf jedem Kilometer wohnt ein Biber. Die besten Chancen auf Bibersichtung sind in den Morgen- und Abendstunden, wenn die Ruhe sich über die Havelniederungen legt. Ein Highlight sind die angebotenen Paddeltouren in den nächtlichen Sternenglanz des Sternenparks Westhavelland. Wenn die Sonne über der Havel untergeht, wenn die Eule aus der Ferne ruft und in herbstlicher Dämmerung die Kraniche zu ihren Schlafplätzen im flachen Wasser gleiten, das ist einfach Natur pur. In klaren Nächten funkeln über dem Havelhimmel am Firmament alle Sterne des Glücks. Das Havel-Kanu bietet auch Floßfahrten auf einem echten, urigen Floß an. Selbst wenn es kühler wird, ist die Glühweinfahrt auf dem stillen Fluss ein großes Vergnügen. Für alle, die mit dem eigenen Paddelboot unterwegs sind, gibt es in Milow wie in allen anderen Havelorten einen Biwakplatz und einen Wasserwanderrastplatz. Zeit für ein Lagerfeuer unterm Sternenhimmel!

TIPP

In Milow lohnt es, Kirche und Apothekergarten zu besuchen, für eine Pause direkt am Wasser den Gasthof Milow.

- Das Havel-Kanu, Friedensstraße 120, 14715 Milow, Tel. (01 72) 5 65 57 10 das-havel-kanu.de
- ÖPNV: Bus 677, Haltestelle Milow, Friedensstraße

Lecker BBC

60

Das Bilderbuchcafé und der Feuermelder

Mitten auf der Stadtinsel liegt das BBC. Oft steht eine Warteschlange davor. Denn BBC steht für das Bilderbuchcafé am Markt in Havelberg. Bunte Buchstaben hängen im Schaufenster und locken Besucher, gemütliche Sofas stehen dahinter. Die Schlange wartet geduldig am offenen Fenster auf Vanilleeis mit Kürbiskernöl, Erdbeer-Minze oder einfach Mango. Das beste Eis in Sachsen-Anhalt, so sagen viele. Das Café ist ein Ort der Entschleunigung. Hier gibt es Kunst auf dem Tisch und an den Wänden, Kaffee aus einer regionalen Rösterei und Kuchen nach Großmutters Rezepten. Neben Süßem stehen auch salzige Leckerbisse auf der Angebotskarte. Die Wände sind ein Museum für ständig wechselnde Ausstellungen und so bleibt ein Besuch im Café auch optisch immer spannend. Doch das ist noch nicht alles. Das BBC wird zur Bühne. Musiker und Theaterensemble nutzen den kleinen Raum. Gegenüber steht das klassizistische Rathaus von 1854 in zartem Weiß. An seiner Seite leuchtet kirschrot ein altmodischer Berliner Feuermelder. Er erinnert an den schlimmen Stadtbrand von 1870. Soldaten, die damals in fast jedem Haus einquartiert waren, zündelten im kalten Winter und setzten so versehentlich die halbe Stadt in Brand. Die Havelberger boten alle Kräfte auf, um ihre Stadt zu retten. Doch trotz ihrem großen Einsatz sahen sie im lodernden Feuermeer keine Chance mehr. Nach 12 Stunden zähen Kampfes gegen die Flammen schien nur noch eines zu bleiben: aufgeben. Doch dann kam in letzter Sekunde Ludwig Scabell mit 159 Mann der Feuerwehr aus Berlin. Scabell war der Gründer der Berliner Berufsfeuerwehr. Er wurde per Funk alarmiert und reiste samt seinen Leuten und Geräten mit dem Zug nach Havelberg an. Ein Riesenschaden war entstanden, aber immerhin die halbe Stadt konnte durch die Berliner gerettet werden. Seit über 100 Jahren steht der Feuermelder da und erinnert an die schrecklichen Ereignisse und an die geniale Innovation einer einsatzbereiten Berufsfeuerwehr.

● Das Bilderbuchcafé, Markt 7, 39539 Havelberg, Tel. (03 93 87) 59 25 55
www.dasbilderbuchcafe.de
● ÖPNV: Bus 900, Haltestelle Uferstraße, Havelberg,
von dort etwa 10 Minuten zu Fuß

Mopsfidel

61 Die Waldmöpse in Brandenburg

Die Begegnung mit den kleinen Wesen ist ganz unvermutet und immer glücklich. Plötzlich sind sie da. Über 25 von ihnen gibt es in der Stadt. Sie sind aus Bronze gegossen und posieren mit unterschiedlichsten Körperformen. Klein, dick, mit merkwürdigen kurzen Hörnern, einem Ringelschwänzchen und ausdrucksstarken Augen stehen sie manchmal recht verschmitzt herum. Das sind die sonst so scheuen Waldmöpse. Diese seltsame Gattung fühlt sich in Brandenburgs Altstadtstraßen wohl und versteckt sich nicht. Der Waldmops ist eine Schöpfung von Vicco von Bülow alias Loriot. 1972 hat er das Tier in einem seiner berühmten Sketche erfunden. Der Mops ist eine bedrohte Tierart, durch Überzüchtung stark gefährdet. Allein der Waldmops als entfernter Verwandter bewahrt die Würde seiner Vorfahren. Das Verbreitungsgebiet des Waldmopses vermutete Loriot am „Unterlauf der Weser". Welch ein Irrtum! Es ist die Havel. Dabei hätte Loriot es besser wissen können, denn er kam selbst von hier. Am 12. November 1923 wurde er in Brandenburg geboren und hat seine Geburtsstadt stets mit Projekten unterstützt. „Ich bin stolz, einer von Ihnen, ein Brandenburger zu sein", sagte er in einer bejubelten Rede anlässlich eines Besuches 1985. Während der BUGA im April 2015 sind die ersten acht Waldmöpse ausgewildert worden. Seitdem haben sie sich in den drei historischen Stadtkernen vermehrt. Die Keimzelle liegt neben der Johanniskirche. Dort steht auch das Denkmal für ihren Schöpfer. Ein Betonsockel mit den Lebensdaten Vicco von Bülows und seinen Fußabdrücken, zum Waldmops ausgerichtet. Die Idee zum stadtweiten Denkmal stammt von Clara Danke. Ihre Figuren sind unterschiedlich, überraschend und zeigen den feinsinnigen Humor Loriots. Der eine Waldmops macht Männchen vor dem Rathaus, der andere lümmelt vor der Touristeninfo, einer hebt ein Bein, einer schnüffelt am Gully, ein anderer liegt einfach entspannt auf dem Gehweg. Hin und wieder liegen kleine Gaben bei den Möpsen. Ein bemalter Stein, ein Schmuckherz für den Mops.

- Waldmops neben der Johanniskirche, weitere in der ganzen Altstadt, 14772 Brandenburg an der Havel
- ÖPNV: Tram 6, Haltestelle Jahrtausendbrücke, Brandenburg an der Havel

Der Glücksfaden

62 Spinnen in den Garzer Havelhöfen

In den Garzer Havelhöfen wird gesponnen. Meist im Sommer und oft ist es Rainer Wittenburg, der spinnt. Sein Spinnrad steht im Kulturstall und er erklärt dem neugierigen Besucher, wie das Spinnen geht. Er selbst hat aus Neugier das Spinnrad seiner Mutter ausprobiert und Vergnügen an der besinnlichen Beschäftigung gefunden. Nachdem er das Spinnrad wieder in Schwung bringen wollte und langsam das Spinnen lernte, ist aus seinem Interesse mehr geworden. Wer selbst einmal spinnen möchte, kann es hier lernen. Wer schon Vorkenntnisse im Spinnen hat, kann sich verbessern. Nie wieder den Faden verlieren, nie wieder am Rad drehen. Welch ein Glück!

Garz ist ein schönes kleines Dorf. Vorne Gründerzeit und Klassizismus, hinten stolze Backsteinscheunen. Statt des sonst in dieser Gegend üblichen Straßendorfes mit einem Anger herrscht hier klare Struktur. Die schicken Garzer Häuser stehen im Halbkreis um eine kleine achteckige Fachwerkkirche, die auffällig anders als die sonstigen märkischen Kirchen gebaut ist. 1688 ist sie entstanden, aus dem Kirchenschiff ragt ein barockes Türmchen. Klein, dörflich und trotzdem elegant. Das Dorf mit den mächtigen Vierseitenhöfen und seinem naturbelassenen Hafen an der Alten Havel musste einst ein schlimmes Schicksal erleiden. Ende des 19. Jahrhunderts brannte die Hälfte aller Höfe in einem Großfeuer ab. Anschließend wurde wieder aufgebaut, alles sollte viel schöner werden. Deshalb sieht das Dorf so anders aus. Für alle, die die Fäden fest in der Hand halten wollen, lohnt sich ein kleiner Bummel zur Entspannung. Am Dorfrand liegt der Minihafen am Altarm der Havel mit einem Picknickplatz. Das Garzer Wehr und die Garzer Schleuse sind einen Spaziergang weit vom Dorf entfernt, sie wurden als Sommerstaustufe zur Regulierung des Wasserstands errichtet. Hier sammeln sich die Vögel und der Biber hat eine Burg gebaut. Im Gästehaus zur Schleuse kann man selbst gut übernachten. Wie überall im Westhavelland hält in Garz die Triumphkarte stets die Natur.

- Havelhöfe, Alte Kirchstraße 5/6, 39539 Havelberg OT Garz, Tel. (03 93 82) 41 75 88 havelhoefe.de
- ÖPNV: Bus 913, Haltestelle Garz, Havelberg

Zeit und Raum für Kunst

63 Künstler- und Nixenort Bahnitz

In Bahnitz ist die Welt zu Ende. Die Straßen führen hin, doch nicht hindurch. Der letzte Halt ist bei der Fischschwanznixe am schönen Strand der Havel. Geografisch abgeschieden, aber von Einöde keine Spur. Bahnitz liegt an einem stillen Havelbogen. Hier gibt es Zeit und weiten Raum für Kunst! 154 Einwohner, davon 40 zugezogene Berliner und etwa zehn Künstler, leben in dem kleinen Ort. Früher galt Bahnitz allgemein als 50 Jahre hinterher. Erst in den 1870er-Jahren erhielten die Höfe neue Stallgebäude und große Scheunen. Sie wurden, typisch Havelland, aus Backsteinen gebaut. Und bald gab es auch eine Schule und alle Kinder durften lernen. Die alten, hutzeligen, riedgedeckten und verräucherten Wohnhäuser wurden abgetragen und durch neue ersetzt. Diese stehen jetzt mit dörflicher Grandezza stuckverziert am Anger.

Das Glücklichsein ist eine Kunst und Kunst gibt es in Bahnitz an fast jeder Ecke. Die Kunsthalle und ihr Kurator Bodo Rau präsentieren künstlerisches Schaffen in wechselnden Ausstellungen und sorgen für sichtbare Überraschungen. Einfach mit offenen Augen loslaufen! Auf dem Dorfplatz steht die Wilde Kuh in Bronze, nach der Wende lief sie lebendig durch den Ort. Am Havelufer tanzt die Nixe. Sie ist die Wappenfrau vom Havelgrund. Einige Schritte weiter lädt eine feinsandige Badestelle zum Schwimmen ein. Bis zur Sandbank ist es gut zu schaffen. Gegenüber stehen ein paar Bäume und rundherum gibt es weite Landschaft. Ein Biwakplatz mit Schutzhütte und eine Feuerstelle sind die Versprechen für einen romantischen Abend. Auf dem Wanderweg an der Havel entlang geht's zur Bahnitzer Schleuse. Unterwegs steht ein fein eingestricktes Fahrrad. Vielleicht träumt es vom Fisch oder der Fischschwanznixe. Die Schleuse ist eine von 34 Havelschleusen, sie wurde 1904 erbaut. Sie dient der Frachtschifffahrt und den zahlreichen Freizeitkapitänen. Ihr Becken ist 215 Meter lang und die Schleusentore werden ferngesteuert. Gleich nebenan wächst ein farbig umhäkelter Baum. Bahnitz ist ein Platz für Kreative!

- Bahnitz, 14715 Milower Land OT Bahnitz
- ÖPNV: Bus 677, Haltestelle Bahnitz, Milower Land

Alles in Butter

64 Kolonistenhof Großderschau

Das Museum Kolonistenhof Großderschau zeigt anschaulich den anstrengenden Alltag in Haus und Hof vor 200 Jahren. Hier wird gebuttert und knuspriges Brot im Lehmofen gebacken! Damals war die Gegend sumpfig, morastig und fast unzugänglich. Dann kam König Friedrich Wilhelm I. mit seiner beachtlichen Idee. Er ließ mit der Urbarmachung und Peuplierung, der Ansiedlung von Menschen, im Havel-Rhin-Luch beginnen. Mit zahlreichen Privilegien lockte er Landwirte und Handwerker aus der Pfalz, aus Holland und dem Rheinland bis ins Havelland. Sie erhielten ein Haus und Ländereien, mussten keine Steuern zahlen, genossen Religionsfreiheit und waren vom Militärdienst befreit. So begannen die Siedler mit der erfolgreichen Trockenlegung des Landes. Sie bauten hauptsächlich Roggen und Gemüse an und versuchten sich an einer neuartigen Knolle namens Kartoffel. Friedrich II. förderte die Milchviehzucht und ließ zur Milchverarbeitung eine Butterakademie gründen. Mit frischer Butter wird alles gut! In der „Ordentlichen Akademie des Buttermachens" stampften Mägde kräftezehrend am Butterfass. Wer möchte, kann das an speziellen Terminen im Museum selber ausprobieren. Der König ließ sich damals die besten Butterstücke ins Schloss schicken und bewertete sie genüsslich. Das Museum zeigt Haushaltsgegenstände und Werkzeuge des Alltags vergangener Zeiten. Draußen duftet der Kräutergarten und im Bauerngarten blühen die Stockrosen. Wäsche hängt über klobigen Holzpantinen. Alte Geräte, deren Namen fast vergessen sind, werden auf dem großen Außengelände präsentiert. Auf dem Rasen stehen der Göpel, der Heurechen, die Kartoffellegemaschine und das Schneckenschöpfwerk neben dem Pflug und der Kutsche. Wie beschwerlich, das Wasser aus dem Ziehbrunnen zu schöpfen, statt einfach den Hahn aufzudrehen! Der Hofladen ist wie zu Zeiten der Urgroßeltern gestaltet. Hier muss niemand selber buttern. Es gibt regionale Produkte aus Früchten und Honig, Infos und Bücher und an Back- und Buttertagen leckeres Brot und frische Butter.

TIPP

Ein Rundgang durch das Dorf und ein Blick in die klassizistische Kolonistenkirche von 1785 lohnen sich.

- Kolonistenhof Großderschau, Kleinderschauer Straße 1, 16845 Großderschau, Tel. (03 38 75) 9 08 10
- ÖPNV: Bus 684, Haltestelle Großderschau Dorf

Golf zum Glück

65 Kuhhorst

Die schmale Kopfsteinpflasterstraße führt ins Dorf. Rechts und links reihen sich am Wegesrand die typischen unspektakulären Brandenburger Häuser. Plötzlich taucht eine grüne Kuh mit bunten Flecken auf. Willkommen in Kuhhorst, der Name ist Programm. Kuhhorst ist ein kleiner Flecken, in dem sich fast alles um den Ökohof Die Kuhhorster dreht. Die richtige Rotation zum Kennenlernen gibt's hier beim Bauerngolf. Bauerngolf ist eine Kuhhorster Erfindung und ein großer Spaß – ganz ohne Übung. Golf für alle, gleich ob für Bauern, Bürger oder Edelleute. Der Schläger ist ein Krückstock und statt eines Golfballs wird der Softball durchs Dorf geschlagen. Das Spiel beginnt beim Dorfkrug und hat neun oder 18 Stationen, je nach Wahl der Länge des Parcours. Es führt am Schweine- und Rinderstall vorbei und kommt am Getreidelager um die Ecke schließlich zur Gärtnerei. Die Holes sind einfach Eimer, die in den Boden eingelassen sind. Mit möglichst wenigen Schlägen soll der Softball dort hinein. Anfang und Ende des Golfplatzes ist der Kuhhorster Dorfkrug. Dort kann man sich nach dem Spiel mit leckerer vor Ort produzierter Hausmannskost in Ökoqualität gut stärken.

Das Herz in Kuhhorst ist der Ökohof. Er wird seit 1991 vom Verein Das Mosaik e. V. für Menschen mit und ohne Behinderungen betrieben und ist ein Inklusionsprojekt. Auf mehr als 520 Hektar werden Obst und Gemüse, Kartoffeln und Getreide angebaut. Eine große Rolle spielt die Tierhaltung. Milchkühe, Mastrinder und Schweine stehen ebenso wie Enten, Hühner und Gänse in den Kuhhorster Ställen und laufen auf den Freigeländen. Das ganze Sortiment der Frische wird direkt vermarktet und im Hofladen angeboten. Ob Wurst, Fleisch oder Marmelade, alles ist öko und hübsch verpackt, lecker und garantiert regional! Ein Extratipp sind die Nudeln aus Kuhhorster Getreide. Es gibt 19 verschiedene Sorten. Lange und kurze, Dinkel oder Weizen, mit Roter Bete, mit grünem schmackhaftem Bärlauch oder einfach pur. Spielen und Einkaufen für Kenner in Kuhhorst.

● 16818 Kuhhorst, diekuhhorster.de
● ÖPNV: Bus 757, Haltestelle Kuhhorst, Fehrbellin

Mit Weitblick

66 Der Aussichtsturm auf dem Götzer Berg

80 Meter atemloser Aufstieg durch den frisch duftenden Wald! Die Gegend ist ungewohnt hügelig im sonst so flachen Havelland. Ein Hauch von Mittelgebirge! Die sandige Stauchmoräne erhebt sich genau 108,60 Meter über dem Meeresspiegel und 80 Meter über der flachen Umgebung. Der sanft gewellte Boden ist moosig, die Luft riecht nach Kiefernnadelbad. Der Wald lockt in allen Grüntönen. Im Herbst ist es ein prima Pilzwald und Pilze zu sammeln, ist definitiv eine Brandenburger Leidenschaft. Oben auf der Höhe steht eine riesige stählerne offene Pyramide – der Aussichtsturm auf dem Götzer Berg. Im Inneren der offenen Konstruktion führen Treppen gen Himmel. Bis zur Aussichtsplattform sind es noch mal 27 Meter Anstieg. Ein Ort der Superlative! Der Aussichtsturm auf dem Götzer Berg ist der höchste Punkt am ganzen langen Weg der Havel. Am 14. Juni 2012 wurde er eröffnet. Die offenen Stahltreppen erklimmen, direkt in die Baumwipfel schauen, darüber hinwegsteigen, oben auf der Plattform ankommen. Die Aussicht ist atemberaubend. Weit schweift der Blick über die Seen der Havel und über die kleinen Dörfer der Umgebung. Bei guter Sicht ist weit in der Ferne klitzeklein der Berliner Fernsehturm zu sehen. Das sind immerhin 53 Kilometer Luftlinie. Am Geländer der Plattform weisen Hinweisschilder die Richtung nach New York, London und bis zum Nordpol. Der Turm ist eine Pyramide und die Stützen aus verzinktem Stahl sind holzverkleidet. Seine Form soll an einen wichtigen Signal- und Beobachtungsturm der Landvermessung erinnern, der hier lange stand. Inzwischen ist der immer noch bedeutende Trigonometrische Punkt erster Ordnung unter dem Turm vermerkt. Doch die weite Aussicht braucht der wissenschaftliche Landvermesser längst nicht mehr. Durch die Götzer Berge und bis hinunter zur Havel führen sehr gut ausgeschilderte Wanderwege. Ab Bahnhof Götz oder ab Dorfmitte geht's auf dem blau markierten Kloster-Havel-Wanderweg. Unten führt der Havelradweg entlang, ein Abstecher auf einer befestigten Strecke zum Turm ist anstrengend, aber sehr schön.

- Aussichtsturm Götzer Berg, Bergstraße, 14550 Groß Kreutz
- ÖPNV: RE 1, Haltestelle Götz Bahnhof, von dort 40 Minuten Wanderzeit (einfache Strecke)

Bock auf Seewind

67 Die Windmühle am Gülper See

Der Gülper See fühlt sich schon fast nach Ostsee an! Sand, Dünen, Kiefern, weites Wasser und ein großartiges Vogelparadies. Wie ein Bodden. Das Schilf weht raschelnd sanft. Der Glücksort liegt am Ortsrand von Prietzen in der Gemeinde Havelaue. Am Ende des Dorfes, man spürt schon den nahen See, steht die Mühle. Bock auf Wind? Seit dem 18. Jahrhundert ist sie eine Bockwindmühle und ersetzt eine ältere ohne Bock. Sie ist ein Blickfang, ein Motiv für Fotografen und ein schöner Ort für eine Pause. Vor ein paar Jahren wurde sie saniert und ihr Dach frisch eingedeckt. Seit den 1950er-Jahren wird hier kein Mehl mehr gemahlen, der letzte Müller verließ die DDR in Richtung Schweiz. Jetzt stehen ihre Flügel still. Doch die alte Windmühle hat eine neue Aufgabe. Sie ist die Ausgangsbasis für Beringungen der Vögel und andere naturwissenschaftliche Arbeiten am Gülper See, genutzt von der Uni Potsdam. Der Gülper See ist eine große Oase und ein beliebter Pausenplatz für unzählige Vögel. Er ist ein Teil des größten zusammenhängenden Binnenfeuchtgebietes in Mitteleuropa und ein wichtiges Rastgebiet auf dem Kontinent! Im Frühjahr und im Herbst kommen 100.000 Gänse und Enten. Dazu die Kraniche und Störche. Silberreiher stehen am Ufer, nördlich brüten Fischadler. Schwäne ziehen ihre Kreise, die Kormorane bilden eine große Kolonie. Rohrweihe, Flussseeschwalbe und Rohrdommel nisten ebenfalls am See. Und noch längst sind damit nicht alle Arten beim Namen genannt. Unterhalb der Mühle gibt es einen Picknickplatz und ein kleiner Naturlehrpfad beginnt an dieser Stelle. Wer ihm folgt, erreicht zwei Vogelbeobachtungsstände und einen Aussichtsturm mit Erklärungstafeln zwischen den alten harzduftenden Kiefern. Seit 1967 ist der Gülper See Teil des Naturschutzgebietes, das im Kern mit etwa 1077 Hektar unter dem strengen Schutz der UNESCO-Konvention steht. Hinzu kommen fast 9000 Hektar Feuchtgebiet von internationaler Bedeutung. Wenn das kein Glück ist!

TIPP

Bitte auf den Wegen bleiben und zum Beobachtungsglück das Fernglas nicht vergessen!

- Bockwindmühle Prietzen, An der Mühle, 14715 Havelaue
- ÖPNV: Bus 684, Haltestelle Prietzen

Akrobaten der Lüfte

68 Das Storchendorf Rühstädt

Auf einen ist in Sachen Glück immer Verlass. Den Storch! Es gibt einen Platz, wo er keinem entgeht. Das ist das Storchendorf Rühstädt. Der Ort liegt knapp 2 Kilometer von der Mündung der Havel in die Elbe entfernt. Es ist ein wenig geschummelt, ihn in das glückliche Havelland mit aufzunehmen. Aber was sind schon 2 Kilometer zum Glück? Der schönste Platz zur Beobachtung und für ein malerisches Fotomotiv ist am Alten Wasserturm. Auf dem spitz zulaufenden Dach des alten Ziegelturms haben die Störche, mit minimaler menschlicher Unterstützung, ein großes Nest gebaut. Von hier ist ihr Ein- und Ausfliegen gut zu sehen. Besonders schön ist der abendliche Anflug der Eltern zur Fütterung der Jungtiere.

Das Klappern der Weißstörche ist im ganzen Dorf zu hören. Etwa 30 Storchenpaare versuchen Jahr für Jahr ihr Glück. Rühstädt gilt als eines der storchenreichsten Dörfer in ganz Deutschland und darf sich ein Europäisches Storchendorf nennen. In den Auen und Niederungen der Umgebung finden die langbeinigen Vögel genügend Nahrung und der Mensch bietet mit Nisthilfen auf Türmen, Scheunen und Dächern ideale Wohnplätze an. Fast jeder Rühstädter hat „seine" Vögel, die Störche auf dem eigenen Haus- oder Scheunendach. Das NABU-Besucherzentrum erklärt mit vielen Informationen und Bildern aus Live-Webcams alles Wissenswerte über die Glücksbringer. Ab August machen sich die Störche auf die lange Reise gen Süden. Während sich im Ort fast alles um die Weißstörche dreht, gibt es in der Rühstädter Umgebung auch einige schwarzfarbige Exemplare. Der Schwarzstorch ist ganz anders als sein weißer Verwandter – ein Waldbewohner und sehr scheu. Um ihn zu beobachten, braucht es Geduld und wiederum Glück. Im Herbst kommen die Kraniche und Gänse. Auch das ist ein sehenswertes Schauspiel. Wem das alles zu viel Geklapper ist, der kann das historische Rühstädt genießen. Das spätbarocke Schloss hat einen verwunschenen Park mit altem Baumbestand und ein Geschichtspfad auf Erklärungstafeln führt durchs Dorf bis zum alten Wasserturm.

- 19322 Rühstädt
- ÖPNV: Bus 960, Haltestelle Rühstädt

Einfach nur spielen

69 Spielzeug- und Kinderbuchmuseum in Kleßen

Nichts ist schöner als spielen. Bauklötze staunen! Das Spielzeug- und Kinderbuchmuseum in Kleßen ist ein Hotspot für Kinderträume! Puppenkinder in Rüschenkleidern, ratternde Eisenbahnen, blecherne Autos zum Aufziehen, gerüstete Ritter und hölzerne Baukästen treiben ihr Spiel mit der Fantasie. Die Kaufmannsläden, das Karussell und der Bauernhof sind nicht nur eine Augenweide, sondern können tatsächlich an kleinen Spielstationen bespielt werden. Die dunklen Knopfaugen des Teddybären wecken sentimentale Erinnerungen. Das Museum ist eine liebevoll hergerichtete Reise in vergangene Kinderzeiten. Sieben magische Räume voller Kinderglück! Es werden historische Spielsachen der letzten beiden Jahrhunderte ausgestellt – Spielzeug, bevor es Plastik wurde. Der Ausstellungsort ist die alte Dorfschule. Sie entstand 1820 nach dem Vorbild der Schule in Reckahn. Ein Highlight unterm Dach ist die Märklin Spur 0. Auf 30 Quadratmetern wird der Fuhrpark aus den Jahren 1932 bis 1954 zu angekündigten Terminen in Bewegung gesetzt. Ein eigener Raum zeigt Spielzeug aus der havelländischen Stadt Brandenburg. In Brandenburg wurde lange Zeit nicht nur Stahl produziert, sondern auch Blech für Kinderspielzeug. Brandenburg war Spielzeugstadt, von hier aus reisten die Spielwaren in die ganze Welt. Nebenan, im Schulweg 2, ist das Kinderbuchmuseum. 350 Bücher veranschaulichen eine literarische Zeitreise durch drei Jahrhunderte Buchproduktion für Knirpse. Der älteste ausgestellte Band stammt aus dem Jahr 1714! Es gibt Klassiker und seltene Einzelstücke. Das Verwandlungsbuch mit ausgeklügelter Papiermechanik, das Lothar Meggendorfer um 1878 erfand, ist ein Hingucker. Wunderschöne Jugendstilbücher, eine hübsche Ausgabe von Peterchens Mondfahrt und die Märchen von Blaubart bis Rotkäppchen gehören zu den Stars. Wer lesen kann, ist klar im Vorteil. Deshalb gehören auch schmuckvolle ABC-Bücher und Fibeln zum gezeigten Museumssortiment.

TIPP

Baden an der Naturbadestelle Kleßener See oder ein Bummel durch den Märkischen Gutsgarten.

- Spielzeugmuseum im Havelland e. V., Schulweg 1, 14728 Kleßen, Tel. (03 32 35) 2 93 11, spielzeugmuseum-havelland.byseum.de Kinderbuchmuseum, Schulweg 2, 14728 Kleßen, Tel. (03 32 35) 15 36
- ÖPNV: Bus 687, Haltestelle Kleßen (nur wochentags)

Über den Wolken

70 Das Lilienthal-Denkmal am Spitzen Berg

Fliegen wäre noch schöner! Hier, im Havelland, hat es einer 1891 erstmals getan! Otto Lilienthal, der erste fliegende Mensch, hob mithilfe des Prinzips „schwerer als Luft" in einem selbst gebauten Flugapparat von der Erde ab. Sein erster Übungsort war ein Hügel bei Derwitz, nicht weit von Werder. Schon aus der Ferne ist oben auf dem Spitzen Berg, einer Düne zwischen Derwitz und Krielow, ein metallenes Denkmal in Form eines Gleitapparates zu sehen. Das ist wahrscheinlich die Stelle, an der Otto Lilienthal als erster Mensch flog. Zum Ausflug nach Derwitz kam Lilienthal mit der Eisenbahn. Auf der Strecke Berlin–Magdeburg stieg er in seiner Heimatstation Berlin-Lichterfelde ein und in Groß Kreutz wieder aus. Anlass war ein Besuch der Verwandtschaft. Schon bei der Anreise muss Lilienthal aus dem geöffneten Zugfenster kurz vor Groß Kreutz den gewaltigen Abhang und die Sandgrube am Spitzen Berg gesehen haben. Diese ideale Übungsstelle wählte er für seine Experimente. Hierher ist Otto Lilienthal sonntags mit seinen Helfern gekommen, hat vorher seinen Gleitapparat aus dem Lager der Scheune des Müllers Hermann Schwach geholt und dann das zunächst 18 Kilogramm schwere und 7,5 Meter breite Fluggerät auf den Hügel geschleppt. Bei seinen Flugversuchen trug er einen roten Wollpulli und knielange gepolsterte Hosen. Seine Schuhe hatten dicke Gummisohlen und die Fußgelenke waren zum Schutz vor Verletzungen bandagiert. Er und seine Flugübungen wurden bald zu einer Attraktion für die Berliner. Sie kamen zum Sonntagsausflug angereist, lagerten am Fuß des Berges, picknickten und kommentierten jede Flugaktion mit Beifall. Aber wo genau war die Abflugstelle für Lilienthals weltbewegenden ersten 25-Meter-Flug? Dort, wo das Edelstahldenkmal „Erste Flüge" in den Himmel ragt? Oder doch ein paar Meter weiter östlich, wo versteckt im Wald ein zweiter Gedenkstein steht? Es ist und bleibt umstritten. Ein paar Meter hin oder her, der erste Flug der Menschheit war zwischen Derwitz und Krielow.

TIPP

Im Lilienthal-Museum in Derwitz erfährt man noch mehr über den Flugpionier Otto Lilienthal.

- Spitzer Berg, zwischen 14542 Derwitz und 14550 Krielow, oberhalb der Krielower Straße
- ÖPNV: Bus 635, Haltestelle Derwitz Kirche, von dort etwa 30 Minuten zu Fuß

Codewort D8

71 Café und Garten D8 in Havelberg

Das Codewort heißt D8. Domherrnstraße Nr. 8 in Havelberg. D8 ist ein Ort zum unprätentiösen Genießen. Ein Ort für Kaffee und leckeren Kuchen, für Produkte aus der Region. Ein Ort, um nette Menschen in einem Garten zu treffen, und fürs Übernachten in einem schönen alten Haus. D8 ist das Fachwerkhaus mit blaugrünen Balken und der orangefarbenen Tür gleich hinter dem Dom in Havelberg. Es wurde 1723 als Residenz adliger säkularer Domherren gebaut, die hier ihre Zeit verbrachten und ihrer Aufgabe der Verwaltung von Kirchengütern nachgingen. Früher gehörte es den adligen von Bredows, später nutzten Schuldirektoren, Fabrikbesitzer und Domkantoren das große Haus zum Wohnen. Nach dem Krieg begann der langsame Verfall und Ende des 20. Jahrhunderts stand der Abriss des 300 Jahre alten Fachwerkhauses kurz bevor. Glücklicherweise kamen die Feen und die Zauberer, gründeten den Verein denkMal und Leben e. V. und begannen mit der Rettung des Hauses. Der alte Fachwerkbau ist ein saniertes Schmuckstück. Das Café im Erdgeschoss, eine öffentliche Bücherei und ein Veranstaltungssaal sind Orte zum Schwelgen und zum Erfüllen von Träumen, für Hochzeiten und andere Feste. Ein kleines Schmuckstück ist der öffentlich zugängliche Garten, dessen gartengestalterisches Konzept eine märkisch-italienische Allianz prägt. Obstspaliere, Kletterrosen, Weinranken und Hochbeete aus alten Backsteinen gehören zum geförderten Projekt Natur im Garten. Geometrische Rasenflächen und die bunten tönernen Staffagen der Töpferin Ute Schröter bereichern die Flächen. Im zweiten Stock des Hauses gibt es eine Ferienwohnung und an jedem hellen Tag sieht man aus ihren Fenstern den Sonnenaufgang inklusive. Ganz hinten im Garten steht, manchmal etwas störrisch, noch eine besondere Attraktion. Es sind drei Esel und die kleine Else, das Eselsmädchen. Nur bitte nicht füttern.
Die D8 ist eine Oase zum Erholen, Speisen, Wohnen und Miteinandersein. Wer das Codewort D8 kennt, hat schon gewonnen.

- D8, Domherrnstraße 8, 39539 Havelberg, Tel. (03 93 87) 7 92 33
- ÖPNV: Bus 900, Haltestelle Wasserturm, Havelberg

CAFE

Traum eines Dreamteams

72

Landschaftspark Schloss Petzow

Das Licht scheint durch die alten Bäume und vorne schimmert der See. Ein schönes Stück England mitten in Brandenburg! In Petzow, im Dreiseen-Eck zwischen Schwielowsee, Glindower See und direkt am Haussee, liegt der romantische englische Landschaftspark. Perfekt zum Flanieren und zum Träumen. „Das Ganze ein Landschaftsbild im großen Stil; nicht von relativer Schönheit, sondern absolut." Welch fantastisches Lob für einen Ort! Theodor Fontane hat diese Zeile nach seinem Besuch in Petzow aufgeschrieben. In den Park eingebettet und dramaturgisch verteilt liegen die Bauten der gutsherrlichen Familie Kähne. Es gibt ein Herrenhaus mit Seeblick, eine Kirche auf dem Hügel und ein kleines Dorfensemble samt alter Schmiede. Die Kähnes haben im 19. Jahrhundert ihr Geld mit ihren Ziegeleien verdient und durch den finanziellen Erfolg die besten Gestalter nach Petzow geholt. Der Architekt Karl Friedrich Schinkel mixte für die Kirche und die Häuser am See den englischen Tudorstil aus der Zeit Heinrichs VIII. mit maurischem Flair. Und Peter Joseph Lenné, der Potsdamer Stargartenarchitekt, gestaltete einen attraktiven englischen Garten mit interessanten Sichtachsen. Dem schöpferischen Dreamteam gelang in Petzow ein charmantes Gesamtkunstwerk. Die neoromanische Dorfkirche steht auf der Anhöhe des Grellebergs. Von ihrem solitären Turm aus öffnet sich ein weiter Blick, das ist die schönste Aussicht! Kein Wunder, dass die Kirche bei Hochzeitspaaren sehr beliebt ist. Der Bau ist aus Backstein, das Material war für die Bauherrenfamilie schließlich sehr preisgünstig. 1842 wurde die Kirche im Beisein König Friedrich Wilhelms IV. eingeweiht. Da konnte sich Familie Kähne schon seit zwei Jahren „von" nennen – frisch in den Adelsstand erhoben. Das Herrenhaus am See mit seinen Tudorzinnen ist saniert und die Residenz der von Kähnes zu Wohnungen umgebaut. Ein paar Schritte weiter gibt's auf dem Steg der Dampferanlegestelle einen Rundblick über den Schwielowsee. Ein Platz, um sich zu verlieben.

- Schlosspark Petzow, Zelterstraße, 14542 Werder (Havel)
- ÖPNV: Bus 607, Haltestelle Schlosspark, Petzow

Petzow
Weisse Flotte Potsdam GmbH
Baden und Angeln verboten!

Poesie des Lebens

73 Havelländische Musikfestspiele

Musik ist Magie! Wenn Musik durch die Säle hallt, schwingt das Herz gleich mit. Klänge füllen die alten Gebäude und die jungen Seelen mit Glück. Verantwortlich für diese melodiösen Töne sind die Havelländischen Musikfestspiele. Von Februar bis Dezember bespielen sie besondere historische und charakteristische Orte im Havelland mit bis zu 50 Konzerten. Nur im Januar machen sie zum Luftholen mal eine Pause. Die Havelländischen Musikfestspiele sind die Idee und Konzeption des international auftretenden Pianisten Frank Wasser. Inzwischen werden sie von Madleen Fox, seiner Tochter, geleitet. Seit ihrer Gründung im Jahr 2000 beglücken sie durch ihre Veranstaltungsreihe Besucher im Havelland mit Musik aller klassischen Genres. Doch nicht allein die klingenden Töne sind faszinierend, sondern auch die Wahl der besonderen Orte ist die Verführung! Die Bühnen haben eine stimmungsvolle Atmosphäre und viele der Aufführungsorte werden extra für das Publikum geöffnet. Mit von der musikalischen Partie sind die Schlösser in Ziehten, Kleßen, Rogäsen oder Nennhausen und die stilvoll charmanten Kirchen in Buckow, Bagow oder Petzow. Im Sommer spielt die Musik in den großen Gutshöfen, grünen Parks und verwunschenen Gärten auch open air. Die Events der Havelländischen Musikfestspiele an diesen schönen Aufführungsorten sind immer ein Fest! Die Musikfestspiele sind eine Veranstaltungsreihe für unterschiedlichste Künstler aus verschiedensten musikalischen Sparten. Klassische Klavierkonzerte und zärtliche Kammermusik klingen genauso durch die märkischen Räume wie Jazz oder Orchester. Immer mit dabei für eine Vorführung ist das Babelsberger Filmorchester und oft wird bei Liederabenden oder Lesungen der lokale Bezug in die Darbietung mit eingewoben. Anspruchsvoll und ausgewogen lautet das Motto. Es ist, als käme man an einen verzauberten Ort bei diesem musikalischen Hochgenuss hinter havelländischen Mauern. Und ist der Ort einmal zu abgelegen, gibt es sogar einen Shuttlebus. Musik ist die Poesie des Lebens.

- Havelländische Musikfestspiele an verschiedenen Orten, Tel. (03 32 37) 8 59 61 www.havellaendische-musikfestspiele.de
- Anreise am besten mit dem Auto oder mit einem Shuttlebus

Genuss und Lost Place

74 Lago Di Garda in Kirchmöser

Lago Di Garda heißt das Restaurant und verspricht Italien am Plauer See. Zwar fehlen die Berge, aber das Wasser glitzert, die Segelboote schaukeln und die Küche mundet vorzüglich mediterran. Dolce Vita an der Havel! Am schönsten ist der Genuss auf der Terrasse. Es gibt Pizza und Pasta, Fleisch und Fisch und ein leckeres Risotto con Pesce. In den 1970er-Jahren wurde die Gaststätte von den Mitgliedern des Eisenbahner Segelvereins Kirchmöser in Eigenleistung erbaut. Hier – zwischen dem Elbe-Havel-Kanal, dem Plauer See, dem Möserschen See und Breitlingsee – liegt das größte Segelrevier an der Havel! Während des Sommers schwirren die kleinen weißen Punkte über das Wasserblau. Am Ufer des Sees ist einfach Freizeit! Doch auf der anderen Seite sieht es ganz anders aus. Kirchmöser ist eine Entdeckungstour für Fans der Industriegeschichte und ihrer Architektur. 1914 wurde die kriegsrelevante Königlich-Preußische Pulverfabrik errichtet und der Ort zum Industrieschwerpunkt ausgebaut. Es entstand eine damals topmodern konzipierte Gartenstadt für Tausende Arbeiter. Kraftwerk und Badehaus, Feuerwerkslabor und Offizierskasino. Vier symmetrische Torbauten und zahlreiche Wohnbauten plante der damalige Regierungsbaurat Teschenmacher an seinem Zeichentisch. Fünf Jahre später war alles vorbei. Nach dem Versailler Vertrag wurde entmilitarisiert und keine Munition mehr in Kirchmöser produziert. Stattdessen zog 1920 die Reichsbahn auf das Gelände. Ein heller Obelisk, rote Klinkergebäude im Stil der neuen Sachlichkeit, eine alte Dampflokomotive und der 65 Meter hohe Wasserturm erinnern an diese Zeit. Unter schwierigen Bedingungen ging die Arbeit nach 1945 im RAW für Gleisbaumechanik Brandenburg-Kirchmöser und im neuen Walzwerk Willi Becker weiter. 1990 kam die Wende. Das Walzwerk wurde geschlossen, die Reichsbahn gab es nicht mehr und der Großteil der Arbeitsplätze wurde gestrichen. Über 100 Jahre Industriegeschichte zwischen Konservierung und Lost Place sind eine spannende Kulisse.

- Lago Di Garda, Am Seegarten 7, 14774 Brandenburg an der Havel OT Kirchmöser, Tel. (0 33 81) 80 20 33
- ÖPNV: Bus E/525, Haltestelle Kirchmöser West, Brandenburg an der Havel

Das Glück ist ein Vogel

75 Zwischen Netzener und Rietzer See

Birdwatching! Vögel beobachten. Das geht fast nirgends in Deutschland so gut wie im Havelland. Dünn besiedelt, wasserreich, mitten auf der Route der Zugvögel gelegen. Das flache Land öffnet eine weite Sicht, nichts stört die Beobachtung. Das Naturschutzgebiet am Rietzer und am Netzer See gehört zu den europäischen Vogelschutzgebieten und ist ein Eldorado für Vogelbegeisterte, Ornithologen und alle, die einfach den Vögeln gerne beim Fliegen zugucken. Das ist eines der großen Erlebnisse im Havelland! Hinter dem Dorf Netzen beginnt der holprige Plattenweg bis zum Emster Kanal. Der gute Kilometer gehört zum Naturlehrpfad Netzen. Er ist kinderleicht zu begehen und Schilder weisen auf die Besonderheiten am Wegesrand. Am Emster Kanal führt der schöne Lehrpfad rechts im Halbkreis zurück nach Netzen, in 3 Kilometern ist man wieder da. Schräg gegenüber liegt die Burg eines Bibers und seine gefräßigen Spuren sind an den Bäumen zu sehen. Linker Hand geht es zum Ziel. Ein paar Schritte am Kanal entlang und dann einfach durch die Wiese, der Weg ist ausgeschildert. Hinter einem Gebüsch taucht der Vogelbeobachtungsturm auf. Er steht am Streng, der Wiedervernässungsfläche zwischen beiden Seen. Wer sich umschaut, entdeckt die größte Kolonie der Schwarzhalstaucher in Deutschland. Zahlreiche Entenarten, Möwen, Seeschwalben und Rothalstaucher sind je nach Jahreszeit zu sehen. Im Frühjahr und Herbst rasten hier Tausende von Saat- und Blässgänsen und bis zu 4000 Kraniche. Der Eisvogel huscht vorbei und hoch am Himmel drehen See- und Fischadler ihre Kreise. Am Ufer brüten Kormorane. Silber- und Graureiher stehen im Schilf und Höckerschwäne ziehen gelassen eine Runde. Im Aussichts- und Beobachtungsturm stellt der NABU zwei Ferngläser bereit und Informationstafeln helfen weiter. Zu jeder Jahreszeit lohnt der Blick über das Niedermoorgebiet zwischen Netzener und Rietzer See. Wer mag, wandert den 9 Kilometer langen Rundweg um den See bis nach Netzen zurück. Fernglas für unterwegs nicht vergessen!

- Naturschutzgebiet Rietzer See, 14797 Kloster Lehnin OT Netzen
- ÖPNV: Bus 553, Haltestelle Netzen Dorf, von dort bis zum Turm etwa 3 Kilometer zu Fuß

Everything alright

76 Schwante

Schwante ist perfekt für kulturbegeisterte Enthusiasten! Das Dorf ist ein Ensemble aus Schloss, Skulpturenpark, Restaurant, Theater, einem Hofladen und Häusern. Das private Gutshaus liegt am Ende einer langen Allee. 1741 bauten Erasmus Wilhelm von Redern und seine Frau Catherina Elisabeth die prestigeträchtige barocke Dreiflügelanlage. 1924 erwarb der spätere Stahlhelmgauführer des Havellands Vicco von Bülow-Schwante das Gut. Nach dem Krieg war der dann Aufsichtsratsmitglied der Stahlindustrie in Düsseldorf. Jetzt gehört das Gutshaus, lange schon wird es „das Schloss" genannt, einem Kunstberaterpaar aus Berlin. Sie nutzen das Haus und öffnen den Park. Ein lebendiger Ort für die Kunst ist hier entstanden! Das Herzstück ist ein Skulpturengarten, in dem die Werke auch international bekannter Künstler ausgestellt werden. Auf 15 Hektar bleibt Raum zur Begegnung zwischen der Kunst und dem Betrachter. Zur ruhigen Kontemplation kann man sich in die bereitstehenden Liegestühle versenken. Während des Sommers wird zusätzlich ein abwechslungsreiches Kulturprogramm geboten. „Everything is going to be alright!" Die Worte stehen in großen Metallbuchstaben im kleinen See geschrieben. Am Ufer schwingt eine bunte Hängematte, es kann nichts mehr schiefgehen. Ein Backsteinhaus beherbergt das Restaurant im gediegenen Landhausstil und bei gutem Wetter werden die Speisen im zwanglosen Ambiente auf der Wiese unter Bäumen aufgetischt. Im Hofladen nebenan gibt es Bücher über Kunst und Kultur und nahrhafte Köstlichkeiten in Gläsern und Flaschen. Hinter dem Schloss stehen die alten Wirtschaftsgebäude. Hier, in einem vielfarbig blühenden Rosengarten, hat das MTO seine Heimat. Der Musik- und Theaterverein Oberkrämer ist eine Institution. MTO ist Musik- und Theaterschule und eine international besetzte Kulturbühne, auf der Konzerte in privater Atmosphäre und dichtem Flair aufgeführt werden. Ein Kleinod von Monta und Jochen Wermann. Der Besuch eines Kulturevents ist beschwingend und macht glücklich!

● Schlossgut Schwante, Schlossplatz 1–3, 16727 Oberkrämer OT Schwante, Tel. (03 30 55) 20 24 60, schlossgut-schwante.de
Musik- und Theaterverein Oberkrämer, Am Wasserturm 2, 16727 Oberkrämer, Tel. (03 30 55) 21 60 30, musikundtheaterverein.de
● ÖPNV: RB 55, Haltestelle Bahnhof Schwante

Schöne Aussicht

77 Park und Schloss Babelsberg

Vier Terrassen hat das Schloss! Ort und Lage sind perfekt. Der Blick ist fantastisch! Er schweift über die Havel nach Potsdam, über die Gartenlandschaft und bis zur Glienicker Brücke. Das majestätische Babelsberger Schloss ist eine Miniaturausgabe der Burg in Windsor. Gepflegtes englisches Ambiente in Preußen. Babelsberg war der Sommersitz von Prinz Wilhelm, dem späteren deutschen Kaiser Wilhelm I., und seiner Gemahlin Augusta. Lange schon suchte Prinz Wilhelm einen Bauplatz für die Verwirklichung seiner Sommerschlossträume. Es war Peter Joseph Lenné, der Generaldirektor der königlich-preußischen Gärten, der mit einem Fingerzeig auf den sandigen Babelsberg als Option verwies. Prinz Wilhelm überschaute sofort den genialen Panoramablick! Geplant wurde der Bau vom Stararchitekten Schinkel und seinen Schülern Persius und Strack. Der englische Vergleich passt. Architekt Schinkel brachte die Begeisterung für alles Moderne von seiner Englandreise mit. Und der zuständige Gartenarchitekt, der damals wie heute berühmte Graf Pückler, hatte viele Monate seines Lebens in England verbracht. Dort studierte er englische Gärten und suchte zur Finanzierung erfolglos eine reiche britische Witwe.

TIPP

Baden im Stadtbad – Sandstrand und eine große Liegewiese mit Bäumen laden zum Entspannen ein.

Vier Terrassen! Auch Wilhelm und Augusta konnten sich weder entscheiden noch sattsehen. Vor der Terrassenmauer stehen fein gemusterte gusseiserne Bänke. Eine der vier ist original und restauriert, die anderen drei sind neu gegossen. Zu Beginn des 20. Jahrhunderts wurden sie grün gestrichen und vor der Terrassenmauer positioniert. Vielleicht hat Augusta hier um ihren blauen Ara getrauert. Der blaue Ara, ein Anodorhynchus hyacinthinus, war Augustas Begleiter und ein Geschenk des glamourösen Grafen Pückler. Die Prinzessin liebte den Ara, mehr als ihren Mann, und doch starb das Tier nach wenigen Jahren. Das Babelsberger Schloss war einfach zu kalt für einen solch südlichen Vogel. Manchmal ist es ein Glück, keine Prinzessin zu sein!

- Schloss und Park Babelsberg, 14482 Potsdam
- ÖPNV: Bus 616, Haltestelle Schloss Babelsberg, Potsdam

Lecker und saftig

78 MostManufaktur Havelland Ketzür

Fast alles ist aus Obst. In der Mosterei in Ketzür werden die Früchte des Havellandes flüssig. Hier in der Kelter mischen sich Apfel, Birne und Holunder. In kleineren Mengen schleichen sich Rhabarber und andere Früchte oder Gemüsesorten hinein. Das Ergebnis ist bio oder einfach nur Natur. Alles ist regional, fair und natürlich vegan produziert. Jeder Apfelwurm hat sich vor der Presse schnell verkrochen. Das Erkennungszeichen auf dem bunten Etikett der Glasflaschen ist ein kleines Krönchen, es wächst aus dem Buchstaben M und steht für die MostManufaktur. Die MostManufaktur Havelland macht Safttrinken modern.

Unweit des Beetzsees, mitten im Dorf Ketzür, steht das alte Backsteingebäude mit der roten Tür. Sie öffnet sich zum Hofladen und zum Saftparadies. In Holzkisten liegen die bunten Saftsorten zum Verkauf bereit. Sie schmecken sehr lecker nach der Vielfalt des Havellandes. Der Einkaufskorb füllt sich schnell auch mit anderen Produkten aus der Region. Die lokalen Unternehmer haben beschlossen, sich gegenseitig zu vermarkten. Und so wandern Sanddorngummibärchen aus Petzow, Bienenwachskerzen aus Nauen, Kräutertee aus Lehnin, Honig aus Ribbeck, Mehl aus Bensdorf, aber auch Edelbrände und Marmelade in den Korb. Die Hauptrolle jedoch spielt der hauseigene Saft. Im Herbst kann man das eigene Obst mosten lassen und als fruchtigen Saft in der Flasche wieder mitnehmen. Einfach das selbst gepflückte Obst in der Lohnmosterei anliefern und auf die Verarbeitung warten. Die Früchte werden gewaschen, in der Rätzelmühle fein zermahlen und anschließend gepresst. Danach wird der Saft gefiltert und zwecks Haltbarkeit auf 80 Grad Celsius erwärmt. Dann fließt er fertig in die Flasche. Die MostManufaktur Havelland ist ein noch recht junges Unternehmen mit klarer Perspektive. Handwerkliche Arbeit und Tradition stehen für den Entrepreneur im Mittelpunkt, das betriebswirtschaftliche Wachstum ist nicht ausschließlich wichtig. Nachhaltig, lokal und fair ist die ausdrückliche Devise. Life is juicy.

● MostManufaktur Havelland, Mosterei Ketzür, Ketzürer Dorfstraße 30, 14778 Beetzseeheide, Tel. (03 38 36) 2 05 23, mosterei-ketzuer.de
● ÖPNV: Bus 569, Haltestelle Ketzür Dorf

MOSTMANUFAKTUR HAVELLAND
Apfel
MOSTMANUFAKTUR HAVELLAND
Bio Apfel Saft
REGIONAL · BIO · VEGAN
0,2L
MOSTMANUFAKTUR HAVELLAND
Apfel Mango Saft
REGIONAL · BIO · FAIR
0,2L
MOSTMANUFAKTUR HAVELLAND
Apfel Holunder Saft
REGIONAL · BIO · VEGAN
0,2L

Wohlgeruch & Glitzerschaum

79 Der Seifenladen Sauberkunst in Werder/Havel

Der verführerische Duft legt die Fährte. Wer ihm folgt, findet den Laden am Marktplatz in Werder. Hier riecht es nach blumiger, nach herber und nach würziger Seife. Die Tür öffnet sich zur Sauberkunst. In den Regalen des kleinen Ladens liegen liebevoll dekoriert und hübsch verpackt all die Produkte, die echte Mädels lieben und brauchen. Vegane palmölfreie Seifen, tierversuchsfrei und von Hand gefertigt. Es sind perfekte kleine Schönheiten. Neben den Seifen gehören auch vegane Creme-Deos, Shea-Mousse und umweltfreundliche feste Haarseifen zum wohlriechenden Angebot. Das Sortiment wird durch attraktive Badeprodukte und festes Parfüm erweitert. All das ist nicht nur praktisch zur Reinigung, sondern auch ein Augenschmaus. Schillernde Farben mäandern auf den Seifen der Sauberkunst, manche sind gemasert wie ein Baum oder tragen ein Herz als kleine Verzierung. Andere glitzern goldgepudert im Licht. Nicht nur die Pflegeprodukte, sondern auch ihre Namen sind zum Dahinschmelzen. Meertau, Kirschblüte, Rosenstolz und Luxusweib. Schnee-Engel, Einhorn, Bienenliebe und Blaue Lagune sind die Zaubernamen. Keine Konservierungsstoffe, keine künstlichen Duftstoffe. Dafür Olivenöl, Kokosmilch und Kakaobutter. Für jeden Haut- und Haartyp und für fast jeden Geruchssinn ist etwas dabei. Mandel- und Hafermilch, Sanddornöl und Mangopulver gehören zu den sanften Inhaltsstoffen. Grapefruit, Banane und Espresso-Orange sind in Cupcakeform gepresst und riechen zum Reinbeißen. Die sparsam schönen Papierverpackungen sind gut für die Umwelt, ganz ohne Plastik. Sauberkunst ist die Manufaktur von Annett Förster. Die Heilpraktikerin hat ihre Vision umgesetzt und aus ihrem Hobby einen Beruf gemacht. Sie produziert mit ihrem Team in Lehnin und in Groß Kreutz die speziell schönen Seifen. Alles wird von Hand gefertigt und verpackt. Seit 2012 sind die Seifen online, seit 2016 gibt es im Sauberkunst-Laden in Werder für fast jedes Pflegebedürfnis das passende Produkt. Nachhaltig, vegan und lokal.

● Sauberkunst, Am Markt 1, 14542 Werder, Tel. (0 33 27) 5 71 92 97
www.sauberkunst.de

● ÖPNV: RE 1, Haltestelle Bahnhof Werder, von dort 20 Minuten zu Fuß;
Bus 631, Haltestelle Post, Werder

STOP
SEN bitte
nicht öffnen!
Danke!

Auf Wiedersehen

80 Die Mündung der Havel bei Gnevsdorf

Die Schutzhütte ist der Platz, um Abschied zu nehmen. Nachsinnen, sich an die schöne Zeit und die vielen gemeinsamen Erlebnisse erinnern. Ganz in der Nähe der Schutzhütte findet die Havel ihr Ende. Hier, in Gnevsdorf, mündet sie in die Elbe. Es scheint, als wolle die Havel gar nicht in der Elbe verschwinden, und sie fließt daher erst mal ein paar Kilometer parallel. Doch das Ende des 334 Kilometer langen Flusses, der bauchig und zu einem U gebogen durch Brandenburg gleitet, ist unausweichlich. Seit 1956 wird es durch den Havel-Vorfluter besiegelt, der bei Gnevsdorf der Havel den Garaus macht. Von der Schutzhütte aus kann man ihr bei einem mitgebrachten Picknick zuschauen, wie sie die letzten Meter überwindet, oder auf dem Deich das Glas zum Abschied erheben!

Früher floss die Elbe bei Hochwasser rückwärts in die Havel. Dadurch überschwemmten die tiefen Flächen zwischen Havelberg und Rathenow, die Ernte und manch Haus gingen verloren. Deshalb wurde mit dem Bau von Schleusen und Wehren zum Schutz von Feldern, Straßen und Dörfern begonnen. Vier Wehre und Schleusen sind entstanden, bei Quitzöbel, Neuwerben, Gnevsdorf und bei Havelberg. Der Aufwand wurde notwendig, weil sich Elbe und Havel sehr unterschiedlich benehmen. Während die Havel gemütlich mit 4 Zentimetern Gefälle dahinfließt, eilt die Elbe mit 15 Zentimetern hinunter. Sie drängt sich mit Macht in die flache Havel, wie die dramatische Hochwasserlage vergangener Jahre zeigte. Der Vorfluter sorgt nun für Ruhe zwischen den Flüssen. Bei drohendem Elbehochwasser werden die Wehre bei Gnevsdorf und Quitzöbel geschlossen. Die Abflüsse aus der Spree und der Havel werden gedrosselt. Folglich steigt der Pegel der Havel zwischen Berlin und Rathenow und sinkt zwischen Rathenow und Havelberg bis zur Elbe. Damit ist dieser Abschnitt entlastet. Zusätzlich wird der Fließgewässercharakter der Havel wiederhergestellt und das Naturparadies mit seinen großräumigen Niederungsgebieten bleibt bestehen. Beruhigt sich die Elbe, ist auch die Havel wieder glücklich.

- Havelmündung, 19322 Gnevsdorf
- ÖPNV: Bus 960, Haltestelle Gnevsdorf II, Rühstädt

TREFFPUNKT VON ELBE UND HAVEL
Am Gnevsdorfer Wehr
Jahrhundertelang fluteten Hochwasser die Niederungen von Elbe und Havel. Bei Elbhochwassern überschwemmte der Rückstau in die Havel monatelang weite Landschaften über Rathenow hinaus. Die Bevölkerung litt oft unter hohen Ernteverlusten und Mückenplagen. Um die landwirtschaftlichen Flächen nutzbar zu machen, wurde die Mündung der Havel um 8,5 Kilometer flussabwärts verlegt und damit das Gefälle zwischen Havel und Elbe erhöht. Die neue Mündung liegt etwa einen Meter tiefer als die alte. Zusätzlich ermöglicht das künstliche Gewässer, der 11 Kilometer lange Gnevsdorfer Vorfluter, Hochwasser schneller abzuleiten. Oberhalb der ehemaligen Havelmündung bei Krügerswerder dient seit 1936 die Wehrgruppe Quitzöbel dazu, im Hochwasserfall das Wasser zwischen Elbe und Havel aufzuteilen und zu leiten. In Folge von Kriegen und Wirtschaftskrise konnten die Arbeiten erst 1956 abgeschlossen werden.
Wasserbauwerke, wie Wehre und Schleusen sind tödlich für Wanderfischarten.
Das Gnevsdorfer Wehr wurde zwischen 2000 und 2004 komplett umgebaut und mit einer Fischaufstiegsanlage ausgestattet.
Haltepunkt NATUR

Mein Dank gilt allen, die mich mit Inspirationen und Geduld auf dem Weg zu den Glücksorten im Havelland begleiteten. Dem Verlag und der Lektorin danke ich für die Chance, das unterschätzte Havelland in besonderer Weise bekannt zu machen. Insbesondere bedanke ich mich bei meinen Reiseweggefährten Holger Heukrodt und Andreas Trapp. Und bei einem weißen Fiat Panda.

Bibliografische Informationen der Deutschen Nationalbibliothek
Die Deutsche Nationalbibliothek verzeichnet diese Publikation in der Deutschen Nationalbibliografie; detaillierte bibliografische Daten sind im Internet über http://dnb.d-nb.de abrufbar.

Konzeption/Satz: Droste Verlag, Düsseldorf
Einbandgestaltung und Illustrationen: Britta Rungwerth, Düsseldorf, unter Verwendung von Bildern von © Fotolia.com: jd - photodesign.de; © iStock: Plociennik Robert
Fotos: Marike Langhorst, außer:
S. 11: Mirage F.1, CC BY-SA 3.0 (https://commons.wikimedia.org/w/index.php?curid=35116349); S. 13: Landgut Stober; S. 25, S. 167: Andreas Trapp; S. 39, S. 83: ebenart/stock.adobe.com; S. 49, S. 117: Holger Heukrodt; S. 65: Lehniner Institut für Kunst und Kultur; S. 69: Fridolin freudenfett, CC BY-SA 4.0 (https://commons.wikimedia.org/w/index.php?curid=68770025); S. 93: AGAMI/stock.adobe.com; S. 103: Optikpark Rathenow; S. 113: Queryzo, CC BY-SA 4.0 (https://commons.wikimedia.org/w/index.php?curid=40264098); S. 119: Cloudtail/stock.adobe.com; S. 125: ril/stock.adobe.com; S. 127: Bilderbuchcafé; S. 135: Jana Harder; S. 137: Mosaik Berlin; S. 139: Biberbaer, CC BY-SA 4.0 (https://commons.wikimedia.org/w/index.php?curid=44337022); S. 141: StefanKunze/stock.adobe.com; S. 143: Oberlausitzerin64, CC BY-SA 4.0 (https://commons.wikimedia.org/w/index.php?curid=42924105); S. 145: Spielzeugmuseum im Havelland; S. 147: Clemensfranz, CC BY-SA 3.0 (https://commons.wikimedia.org/w/index.php?curid=29802903); S. 153: Havelländische Musikfestspiele gGmbH; S. 159: Steffen Hoeft; S. 163: MostManufaktur Havelland

FSC www.fsc.org
MIX
Papier aus verantwortungsvollen Quellen
FSC® C011279

Druck und Bindung: LUC GmbH, Greven
ISBN 978-3-7700-2298-4

www.droste-verlag.de